**東大寺大仏殿除夜**

（東大寺，入江泰吉記念奈良市写真美術館蔵）

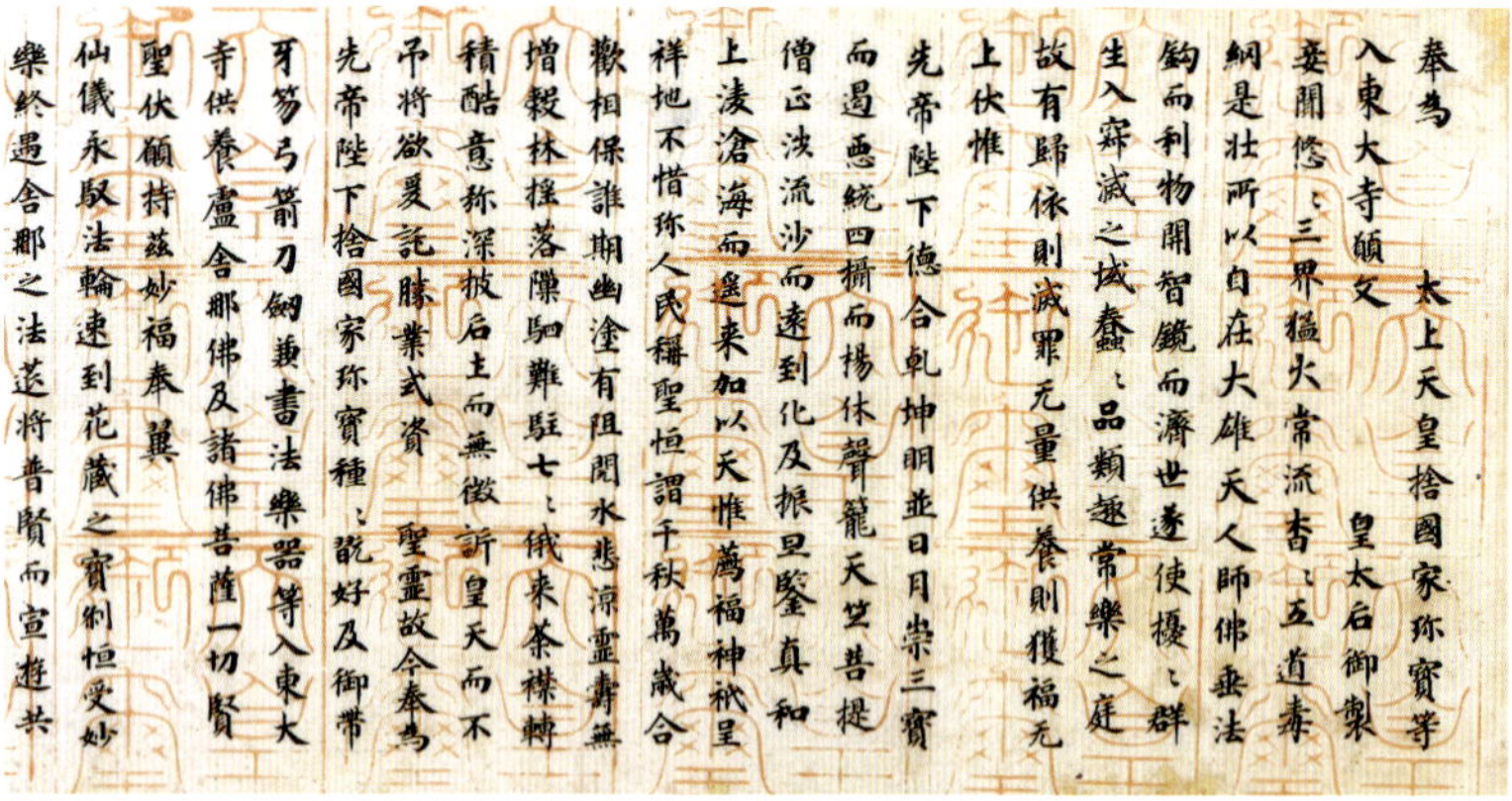

国家珍宝帳

（正倉院宝物，宮内庁正倉院事務所蔵）

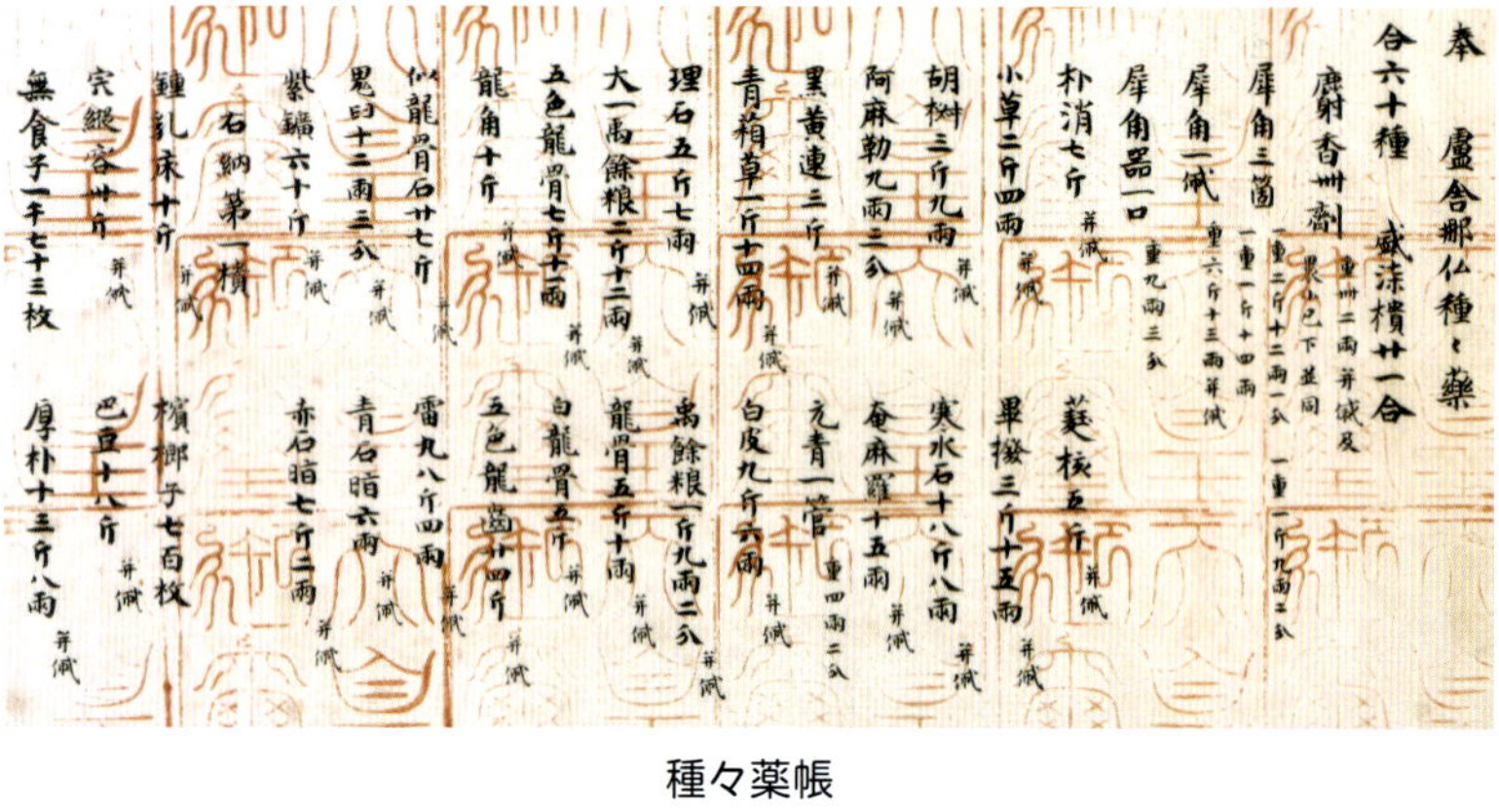

種々薬帳

（正倉院宝物，宮内庁正倉院事務所蔵）

**長屋王家木簡**

（奈良文化財研究所提供）

**木画紫檀双六局**

（正倉院宝物，宮内庁正倉院事務所蔵）

**奈良時代の「お宝」は東大寺と地下に？！**

光明皇后が，聖武天皇の品々を東大寺に納めた時の目録が「国家珍宝帳」，薬の目録が「種々薬帳」で，当時最も優れた書である．「国家珍宝帳」に記されている品が由緒正しい正倉院宝物で，「木画紫檀双六局」もその一つ．つまり聖武天皇が使った双六の盤である．
左は長屋王の邸宅跡の発掘調査で掘り出された木簡．平城京の地下には，まだまだ未知の木簡が埋まっているにちがいない．

**東大寺雪の山内**

（東大寺，入江泰吉記念奈良市写真美術館蔵）

# 若い人に語る奈良時代の歴史

寺崎保広

吉川弘文館

目　次

# 図版目次

〔口絵〕



〔挿図〕

〔挿表〕

# はじめに

私が大学に入学し、日本古代史を勉強しはじめて四〇年になります。いまだにその世界から抜け出せないでいるのは、生活の糧《かて》ということもありますが、何よりも古代史を考えることが楽しいからだと思っています。数年前から、古代史のなかでも奈良時代を中心とする時代について、記述が具体的でわかりやすく、歴史の楽しさを少しでも味わってもらえるような本が書けないものか、と考え続けてきました。本書はその第一歩だと思っています。

私が現在勤務している大学のホームページに、「史学科の受験を考えている皆さんへ」と題して、次のような文章を載せていますので、その一部を引用してみます。

＊＊＊

史学科とは、歴史を学ぶところです。高校の教科でいえば「日本史」や「世界史」にあたりますが、実際には高校の歴史の授業とはかなり違います。

「考える歴史学」―というのが本学史学科のキャッチフレーズになっています。私はこのフレーズが個人的にはあまり好きではありません。「考えない歴史学」なんてないから、あたりまえではないか、というリクツです。しかし、これは「暗記するのが歴史だ」という考え方に対する反論としての言い方なのでしょう。「日本史」や「世界史」の試験となると、どうしても沢山の知識を持っているかどうかを問う問題になり、暗記力が試されることになってしまいます。私たちが入学試験を作るときも、そうなってしまうことは否めません。

しかし、「暗記する歴史学」が面白いはずがないじゃないですか。歴史を「考える」ことによって、事実があきらかになり、そのことが歴史を学ぶ最大の楽しさなのです。そして、それは何も歴史学だけではないでしょう。文学でも考古学でも経済学でも基本は同じだと思います。つまり、大学で学ぶとは、どのような分野であっても、一つのことを深く考え、事実を明らかにすることであって、そうした勉強を一生懸命におこなったという経験こそが、その人にとって大切なことだと考えます。

わが史学科では、歴史が好きで、歴史の中の疑問点を解明するためにさまざまな材料をもとにして深く考えてみたい、という意欲のある生徒諸君を待っています。…（中略）…

あらためて、歴史の面白さについていえば、それは「具体的な事実」を積み重ねていって、その時代を「体感すること」ではないかと思います。そのためには材料（歴史学の場合は史料といいます）をしっかりと読み解かなければなりません。古文書だったり漢文史料だったりしますが、当時の人が書き残した文章を正しく読みとり、そこからさまざまな事実を拾い出し、自分があたかもそこにいるように、時代の雰囲気が感じられれば、こんな楽しいことはありません。

私たちが興味を持つのはあくまでも人間です。一三〇〇年前の奈良の都に住む人々は、どのような環境のなかで、どのような生活をしていたのか、そこで何を食べて何を考えていたのか、今と変わらないのか、どこが違っているのか――わからないことだらけですが、少しでも新しい事実が判明すれば、視野が大きく開けてきます。そのためにこだわるべきは「歴史の細部」だと思います。

＊　＊　＊

「いきなり大学の宣伝か?」と言われそうですが、そうではなくて、ここに本書の趣旨がおおよそ書いてあるのであえて引用しました。つまり、「歴史のおもしろさ」とは知識を広く浅く集めることではなく、事実を積み重ねて、それを深く考えることにあるという、いわば当然のことを述べているにすぎません。

最近は、情報があふれ、インターネットなどの普及によって、たちどころに辞書的な知識を引き出すことができるようになりました。「大化改新の原因は?」「藤原清河という人物は?」「興福寺の創建時期は?」――大学の授業で問題となる点があると、学生はインターネットを使って調べてきて発表します。それはそれで一向にかまいません。知識が増えるわけですから。しかし、辞書やネット上に書いてあることは、それを書いた人の出した結論だけであって、しかもそこに間違いがないという保証もありません。
「それが正しいかどうかを自分で確かめるのが、「大学でモノを調べること」です」と授業では何度もくりかえし言っています。他のことでも同じだと思いますが、学ぶ楽しさというのは、結論にいたるまでの「過程」であるはずです。

本書では、奈良時代の歴史について述べます。しかし、奈良時代の「通史」として、さまざまな点をもれなく説明するという方法はとりません。理由の一つは、すでにいくつかの「日本の歴史」シリーズが刊行されているので、それらを参考にしてもらえば十分と考えるからです。たとえば、中公文庫『奈良の都』（青木和夫著）といった古典的な名著から、講談社学術文庫『平城京と木簡の世紀』（渡辺晃宏著）のような最近の成果をふまえたものなどがあります。

ここではむしろ、歴史の流れがよりわかりやすく、また、なぜそうなったのかという問題を皆さんにも考えてもらうために、あえて、「私自身の考える」奈良時代の歴史を、材料を選んで、いわば「わがままに」書いてみようと思ったのです。そのため、重要な事柄であっても捨象したものがたくさんあります。したがって、本書を通読したからといって奈良時代の基礎的知識が増えるということはあまり期待しないでください。納得したり、あるいは疑問をもったりしてくれれば、それで十分です。願わくば、歴史のおもしろさを少しでも感じてもらいたい、というのが最大の目的です。

# 第一講　天皇の位を継ぐこと（一）

## ――平城遷都――

富本銭

## 1　兄弟相続と父子相続

まず最初に、奈良時代の政治の動きを三講にわたって年代順にみてゆきましょう。政治の動きというのは、政権を担当した人たちの動向とか、それをめぐる権力争いとか事件といったことになりますが、奈良時代の政治史はひと言で言えば、そのほとんどが、誰が天皇の地位につくかという問題を基本的な要因として展開した、と言って良いと思います。

### 天皇の権力

現在、天皇は憲法に「国民の象徴」と規定されていて、政治的な実権をもっていません。しかし、第二次世界大戦の前は「国家元首」としてすべての政治の責任者でした。そうした体制は明治維新から始まるわけですが、さらに時代をさかのぼると、逆に天皇の権力が弱い時代が長く続きました。つまり、鎌倉時代から江戸時代までの武家政権の間は、征夷大将軍や執権《しっけん》といった地位についた武家の頭領《とうりょう》が実権をもち、天皇は形式的に将軍などを任命するだけの「名目的な権威」といった影の薄い存在でした。つまり、同じく天皇という地位でありながら、時代とともにその性格・役割が大きく異なっていたのです。

飛鳥・奈良・平安時代といった古代の天皇は、鎌倉時代から江戸時代までの武家政権の時代と比べると、はるかに大きな権限がありました。天皇自身が、積極的に政治をリードする時期があり、あるいは実際に政権を担当する者が大臣や摂政・関白であったとしても、天皇の指示を受けて政治を担当するという形でしたから、時の権力者といえども天皇とは良好な関係を保たないといけませんでした。したがって、権限の大きさとしては、古代の天皇は近代の「国家元首」としての天皇に近い、とも言えます。

そうした時代では、現在の天皇が誰か、その次には誰がその皇位を受け継ぐのか、によって政権担当者が変わってくることにもなりますから、それがとても大きな問題で、天皇の地位をめぐって大きな事件が何度も起こりました。そこで、第一〜第三講では、どういう順序で天皇の地位が受け継がれたのか、それに伴って、どのような画策や事件が起こったのか、その結果、政権担当者や政策がどのように変わっていったのか、という政治史の問題を、特に天皇の地位に焦点をあてて、考えていこうと思います。

## 家督の相続

家督相続《かとくそうぞく》という言葉があります。ある家の主人である家長《かちょう》が亡くなった時に、その家を誰が受け継ぐのかということです。今では核家族化していて、子供が一人か二人という家族が多いので、一般的には男子がいれば、その人が家を受け継ぐという形をとっています。ただし、受け継ぐといっても、よほどの資産家でもない限り「同じ苗字を名のり、子孫に伝えてゆく」程度でしょう。しかし、第二次世界大戦より前には、家というのが大きな生活の単位となっていました。家族の人数も今とは比べものにならないほど多くて、父・母・子供の他に、孫や父母の兄弟まで含まれることが珍しくありませんでした。

家は生活の単位であるとともに、農業や漁業などの生産の単位でもあり、家族全員の労働によって生活が成り立っていたという事情も関係するでしょう。そうして、家族を代表するのが、一家の長つまり家長で、その家長が戸主として戸籍に登録され、大家族すべての財産を管理し、家族全員を取り仕切る大きな権限をもっていました。「怖いもの」のたとえとして、「地震、カミナリ、火事、親爺《おやじ》」という言葉がありますが、これは親爺、つまり家長の権力が強く、何事も家長の許しがないとできないという古い時代のなごりだと思います。ですから、家長が亡くなり、その長男があとを継いで新しい家長となる（家督相続）と、次男以下の兄弟は家を出て独立したり他家に婿に入ったりし、家に残る場合には、兄である家長の使用人に近い立場になってしまいました。

一つの家だけでも、家督相続といえば、かつてはそれだけ大きな出来事だったわけですが、それが天皇家のこととなると、国家全体の問題ともなるわけです。ましてや古代の天皇家においては特にそうでしょう。

家督相続として長男が家を受け継ぐというあり方は、おおよそ八世紀以後に一般的になったと言って良いと考えます。それ以前はどうかといえば、必ずしもそうではありませんでした。もっとも、相続の仕方というのは、制度の問題ではなく習慣という側面もありますし、また、時代ごとの婚姻（結婚）の形態の違い、ということも関係しますから、西暦何年から変化した、というように簡単に言うことはできないのですが、ごく単純化すれば次のように言えると思います。

おおよそ六世紀頃までは「兄弟相続」というあり方が一般的で、七世紀が過渡期にあたり、八世紀以後になると「父子相続」という方式が多くなったと言って大きな間違いはないでしょう。

この二つの方式について、モデルを使って説明します。

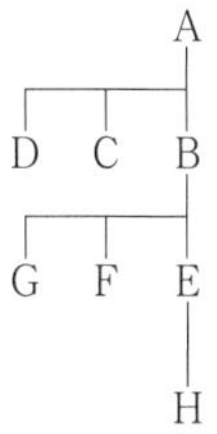


家長Aには男の子が三人（BCD）いたとします。「兄弟相続」とは、Aが亡くなった時に長男のBが継ぎ、Bの後は生存している弟たち（CまたはD）が継ぎます。そうしてAの男子がすべていなくなった時に、次の世代は、Bの長男Eへと受け継がれてゆく、Eの兄弟が終わればHへ、という方法です。これに対して、「父子相続」とは、家長Aの後に長男Bが継ぐことは同じですが、そのBの後にはその弟たちが生存していても彼らには相続する権利がなく、Bの長男Eが受け継ぐ、そしてEか

らHへ、という方法です。

長い目で見れば、それぞれ長男が家を代々受け継いでゆくことにかわりはないのですが、次男以下の扱いが大きく異なるわけです。先に挙げた「怖い親爺」の時代は、典型的な父子相続と言えます。ですから、戦前の徴兵制度では、家督を相続する予定の長男は兵役が免除され、もっぱら次男・三男が兵隊にとられました。また、歴史ドラマに出てくる戦国武将の場合を見ても、長男が家督を継ぐと次男以下はその家臣として位置づけられた様子がうかがえるでしょう。こうした父子相続は古くさかのぼると、中国古代の相続法まで行きつき、その制度が日本に取り入れられたようです。ところが、六世紀以前の日本では別の相続法、つまり兄弟相続が一般的だったと見られます。

この二つの相続方法が、おおよそ七世紀頃を境にして兄弟相続から父子相続へと変わっていったと述べました。そのことは、『日本書紀』に書いてある天皇の地位の継承方法などから推定されているわけです。となると、七世紀というのは二つの方式が交差したやや複雑な時期だったということになります。

以上の点を念頭において、天皇の地位の継承を考えてみましょう。

### 壬申の乱

まずは、六七二年に起こった皇位継承をめぐる内乱「壬申《じんしん》の乱」を取り上げます。大化改新を成し遂げた中大兄皇子《なかのおおえ》が六六八年に正式に即位して天智天皇《てんじ》となるわけですが、その天智の皇位を誰が受け継ぐか、ということで二つの勢力にわかれて大きな武力衝突になった事件として有名です。『日本書紀』は全三〇巻のうちの一巻をまるまるこの乱の記述にあてるほど詳細な書き方で、奈良時代の人々が壬申の乱をいかに重視していたかがわかります。

天智の後継者としては、弟の大海人《おおあま》皇子が有力で、当時「皇太弟《こうたいてい》」と呼ばれていました。「皇太子」と同じ意味です。一方、天智天皇には男子が四人生まれました。やや細かい話になりますが、『日本書紀』に基づいて天智の子供たちを母親ごとにわけて列挙しておきましょう（図1）。

天智の夫人は九人いて、それぞれの女性が産んだ子供がその下に挙げた男女で合計一四名確認できます。夫人たちの上に「皇后」「嬪《ひん》」「宮人《くにん》」という肩書きがついていますが、これが夫人の序列を示します。皇后の地位が最も高いのは当然ですが、嬪と宮人の違いは、その女性の家柄によります。つまり、嬪は皇族または中央の有力氏族の娘であり、一方の宮人は中央の中小氏族または地方の氏族出身であることを示します。特にここで重要なのは、天皇になることができるのは、原則として嬪以上の母親から産まれた子に限られるということです。つまり、皇位継承者としては母親が高貴な血筋であるかどうかが大きな問題で、高貴な出身でない母親のことを当時「卑母《ひぼ》」（あまり良い言葉ではありませんが、このまま使います）という言い方がされていたほどです。

さて、天智の男子の中で皇位の可能性がある者となると、嬪の子である建《たける》皇子が考えられますが、

図1　天智天皇の子女

- 皇后　倭姫王（古人大兄王の娘）
- 嬪　遠智娘（蘇我石川麻呂の娘）
  - 大田皇女（天武帝の妃）
  - 鸕野皇女（天武帝の皇后・持統帝）
  - 建　皇子
- 嬪　姪　娘（蘇我石川麻呂の娘）
  - 御名部皇女（高市皇子の室）
  - 阿閇皇女（草壁皇子の室・元明帝）
- 嬪　橘　娘（阿倍倉梯麻呂の娘）
  - 飛鳥皇女（忍壁皇子の室）
  - 新田部皇女（天武帝の妃）
- 嬪　常陸娘（蘇我赤兄の娘）
  - 山辺皇女（大津皇子の室）
- 宮人　色夫古娘（忍海小龍の娘）
  - 大江皇女（天武帝の妃）
  - 川嶋皇子
  - 泉　皇女
- 宮人　黒媛娘（栗隈徳万の娘）
  - 水主皇女
- 宮人　越道君伊羅都売
  - 施基皇子
- 宮人　伊賀采女宅子娘
  - 大友皇子

彼は天智即位の前に八歳で亡くなっています。そして他の三皇子は、いずれも宮人つまり「卑母」の子ということになります。したがって、衆目の一致するところとして、天智の男子には血筋の点で有力な後継者がなく、「皇太弟」である大海人皇子こそが皇位を受け継ぐ者と見られていました。ところが、天智天皇の晩年になると、子供の一人である大友《おおとも》皇子が成長し、頭角を現してきました。彼は文武両道に優れ、容貌や体格も立派で、彼を慕って周りに多くの人々が集まってくる、というように申し分のない人物だと書かれています。そうなると、父親としては、弟よりも我が子の方がかわいいわけで、できれば大友皇子に皇位を継がせたい、と考えるようになったに違いありません。

しかし、天智天皇も弟の大海人をさしおいて強引にことを押し進めるような人ではありませんでした。そこで、皇太弟を排除することなく、大友皇子を「太政大臣《だじょうだいじん》」というポストに任命して政治を担当させる、といった苦心の策をとったりしました。しかし結局、天智は死の間際になって大海人皇子を呼び寄せ、「後のことを任せたい」と遺言します。その真意はどうだったのでしょうか。それを聞いた弟は兄の気持ちを察したのかもしれませんし、あるいは、あまり軽率なことを言えば事態がどう展開するかわからないので、慎重な言い方をしたのかもしれません。大海人の答えは、「自分は天皇の任にたえません。どうか皇位は皇后（倭姫王）にお譲りになり、大友皇子がそれを支えるのが良いでしょう。私は出家して陛下の冥福を祈ることにします」と言って、吉野へ去って行きました。

その後ほどなく天智天皇が亡くなり、大友皇子を中心とする朝廷軍と、大海人皇子を支持する軍による武力衝突が起こり、最終的に大海人皇子が勝利するわけです。

この壬申の乱については、具体的な戦闘のありさま、参加した有力豪族たちの没落と天皇の権威の確立、『日本書紀』の壬申の乱の書き方などなど、話したいことがたくさんあるのですが、先を急ぐため、ここでは一つだけ指摘しておきます。それは、皇位を兄弟が相続するのか父子相続とするのか、という問題でもあったということ、それと天皇になる資格として「卑母」の子供でも良いのかどうか、という問題とが絡んでいたということなのです。そして壬申の乱の結末からすると、今回は兄弟相続にしたがったこと、そして地方豪族の娘を母とする大友皇子には皇位の資格がない、したがって大海人皇子（天武《てんむ》天皇）の即位が正当である、というのが一つの結論だったと言って良いと思います。

## 2　持統天皇の決断

### 天武天皇の後継者

大海人皇子は壬申の乱で勝利をおさめたのち、六七三年二月に即位し天武天皇となり、それから一四年間にわたってさまざまな制度の改革を行いました。官人の制度や地方の行政組織をつくり、宗教政策や宮廷の儀式を整え、お金を発行し、新しい都を造営し、法律と歴史書の作成を命じるなど、七〇一年に完成する律令国家の建設に向けてとても大きな足跡を残した天皇でした。『万葉集』に、

大君《おおきみ》は　神にしませば　赤駒の　腹ばう田居《たい》を　みやことなしつ

（大君は神でいらっしゃるので、馬が腹這っていた田んぼも都につくりかえられた）

と歌われたように、たいへんに権威のある天皇でもありました。

その天武天皇は、六八六年九月、飛鳥浄御原宮《あすかきよみはらのみや》で亡くなります。天武の後継者については、彼の生前にすでに決まっていました。天武と皇后（鸕野皇女《うの》）との間に生まれた草壁《くさかべ》皇子が皇太子となっていたからです。ところが、天武天皇の葬儀が二年あまり続いて（天皇の葬儀が長いのは当時としては特に

珍しくありません)、ようやくそれが終わると間もなく、今度は草壁皇子が病死してしまいました。六八九年四月のことです。この時、朝廷の首脳部の人たちは次の皇位継承者について、どう考えたのでしょうか。候補者としては、草壁皇子の弟たち、つまり天武天皇の他の男子に皇位を継がせるのか、または草壁皇子の子として誕生していた軽《かる》皇子に継がせるか、という選択に迫られたのです。先ほどの例にならって、次は天武天皇の子供たちを挙げてみましょう(図2)。

ここでは天智天皇の時とは夫人の肩書きの表現が少し違っていて、「皇后」「妃《ひ》」「夫人《ふじん》」「肩書きなし」の四種類に区分されています。そのうちの「夫人」以上が高貴な家柄、肩書きのない額田女王《ぬかたのおおきみ》など三名が「卑母」となります。したがって、これまでの慣例からすると夫人以上の母から産まれた男子には皇位の可能性があり、すでにこの時点で亡くなっていた草壁と大津を除いた舎人《とねり》皇子ら五名は候補者となってもおかしくない血筋だと言えます。ところが、草壁皇子没後の実際の動きは次のようになりました。つまりしばらくの間、皇后であった鸕野皇女が天皇位を代行(称制《しょうせい》と言います)した後、彼女自身が翌六九〇年正月正式に即位して持統《じとう》天皇となったのです。

日本の古代にはしばしば女性の天皇が現れています。他の時代にはわずかな例外を除いて見られないのに、五九二年即位の推古《すいこ》天皇から奈良時代末の称徳《しょうとく》天皇まで二〇〇年近くの間に八回も女性が即位しています。その理由はさまざまに議論されているのですが、皇位継承がスムーズに行えない時に、しばらく時間を置くための「中継ぎの天皇」として女帝が出現したのだ、という説が有力です。ここ

図2　天武天皇の子女

- 皇后　鸕野皇女（天智帝の娘・持統）― 草壁皇子
- 妃　大田皇女（天智帝の娘）― 大来皇女、大津皇子
- 妃　大江皇女（天智帝の娘）― 長　皇子、弓削皇子
- 妃　新田部皇女（天智帝の娘）― 舎人皇子
- 夫人　氷上娘（藤原鎌足の娘）― 但馬皇女
- 夫人　五百重娘（藤原鎌足の娘）― 新田部皇子
- 夫人　太蕤娘（蘇我赤兄の娘）― 穂積皇子、紀　皇女（高安王の室）、田形皇女（六人部王の室）
- 額田女王（鏡王の娘）― 十市皇女（大友皇子の室）
- 尼子娘（胸形徳善の娘）― 高市皇子
- 梶媛娘（宍人大麻呂の娘）― 忍壁皇子、磯城皇子、泊瀬皇女（川嶋皇子の室）、託基皇女（施基皇子の室）

でもひとまずそれにしたがえば、草壁皇子亡きあとの皇位決定を先延ばしにするために持統女帝即位となったと見ることができます。

六九〇年七月には天武の子、高市《たけち》皇子が太政大臣となり持統天皇を支えることになりましたが、彼自身は卑母の子ですから、皇位継承の可能性はほとんどありません。その後、六九六年七月に高市皇子が亡くなると、ようやく正式な皇位継承者を決める会議が開かれました。その時の状況を『懐風藻《かいふうそう》』という八世紀に完成した漢詩集に引用された葛野《かどの》王（彼は壬申の乱で敗れた大友皇子の子にあたります）の伝記で次のように伝えています。

皇后（持統天皇）が主な官人たちを集めて、次の皇位を継ぐべき人に誰がふさわしいかを議論させた。すると、めいめいが個人的な意見を述

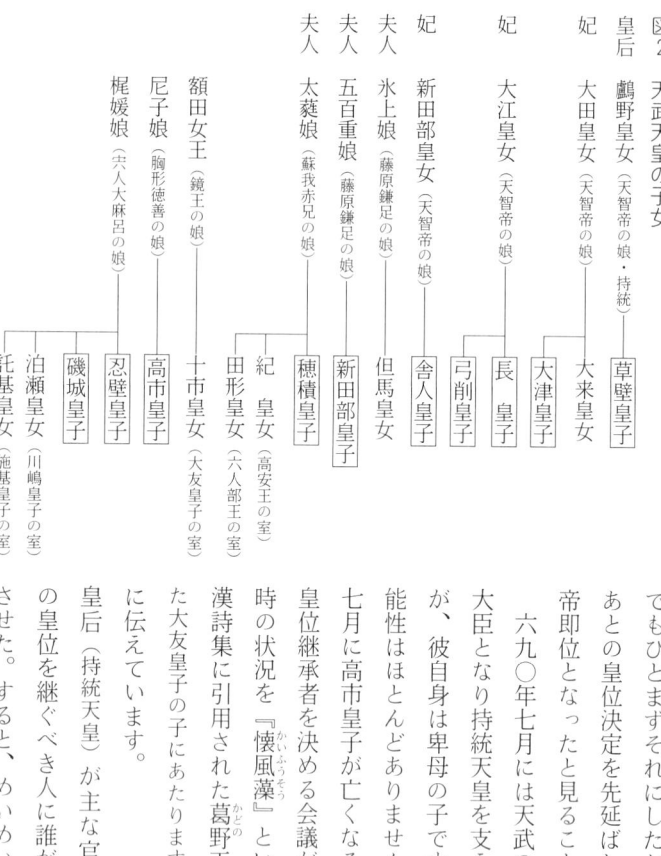

べて議論がまとまらなかった。そこで、葛野王が進み出て次のように発言した。

「我が国では神代以来、子や孫があいついで天皇位を継承してきています。いまここで兄弟に継がせれば、すぐに争いが起こることになりましょう」と。

皇后は、この葛野王の発言によって草壁皇太子の長男である軽皇子が皇位継承者と決まったことをほめたたえた。

葛野王は、神代《かみよ》の時代以来、ずーっと父子相続が行われてきたので、今回その原則を変えて兄弟相続とするのは良くないと主張したのですが、これはまるで事実とは言えません。むしろ兄弟相続の方が長く続いていたのに対して、あえてこのように発言することによって、持統の思惑を代弁したのだと考えられます。先に挙げたように、天武天皇の一〇名の男子のうち、皇后（持統）が産んだ子供は、亡くなった皇太子、草壁皇子一人でした。つまり、皇后は、腹違いの他の天武の皇子よりも自分の血をうけた孫の軽皇子こそが正当な皇位継承者である、と考えていたのです。その考えを公式な会議の場で、葛野王をつかって認めさせた、というのが真相だと思います。

つまり、この会議は重要で、それまで優勢だった兄弟相続よりも直系の父子相続の方が妥当なのだ、という宣言でもあったわけです。そして、これ以後、奈良時代を通じて草壁皇子の直系の子孫こそが天皇となるにふさわしい、という考え方が成立した、といっても過言ではありません。

持統天皇は、約一〇年間、夫・天武天皇のやり残した改革を推し進めました。藤原京という本格的

図3　天武・持統陵

な都城を完成させたり、浄御原令《きよみはらりょう》という法律を作り、後の大宝律令の基礎となる制度整備につとめました。そして、六九七年八月に天皇の地位を孫の皇太子・軽皇子に譲り、彼は即位して文武《もんむ》天皇となりました。日本で最初の国の歴史書（正史）である『日本書紀』の記事は、ちょうどこの文武天皇即位で終わり、次の正史『続日本紀《しょくにほんぎ》』があとを引き継ぐことになります。

## 大宝元年という年

文武天皇が即位して五年目、大宝という年号が制定されました。大宝元年は西暦七〇一年にあたります。この八世紀最初の年が、さまざまな点で新しい時代の幕開けを示すような年だったのではないか、と思います。

その一つは、大宝律令という律と令が完備した法律が初めて完成した年と言えます。それまでは、浄御原令だけがあって、刑法にあたる律はできていませんでした。

その二は、国の制度として年号を使い始めたのが「大宝」からです。『日本書紀』には、これ以前に「大化」とか「白雉《はくち》」「朱鳥《しゅちょう》」といった年号のあったことを記していますが、それらは全国に使用が命じられたものではなく、朝廷の一部だけで使用されていたにすぎません。それに、年号の使われた時期も断続的で、一つの年号が終わると、しばらく年号のない時代に戻ったりしました。ところが、「大宝」から後は現在の「平成」まで、一三〇〇年以上も年号が使われ続けているわけですから、「大宝」こそが最初の本格的な年号と言うことができます。

その三として、この年、久しぶりに遣唐使の派遣が決まりました（実際に派遣されたのは翌年）。唐と日本とは、六六三年の白村江《はくそんこう》《はくすきのえ》の戦いで衝突して以来、国交断絶状態でしたが、三十数年ぶりで、国交を再開しようとしたのです。どうしてでしょうか。おそらく、我が国が自信を回復したからだと考えます。

白村江の敗戦によって、天皇をはじめとする政権担当者たちは、さまざまな点で我が国が唐よりも遅れた面のあることを痛感したようです。そして、それを補うためには律令制度を早急に導入し、それに基づいた中央集権的で強力な国家をつくり上げなければならないと考え、その方針のもとに約四〇年間、努力を積み重ねてきました。それが天智・天武・持統の三代の天皇の時代の課題だったのです。それが今や大宝律令という形で完成し、藤原京という本格的な都城もできあがった、「富本銭《ふほんせん》」という貨幣も発行した、年号も定めたということで、さまざまな点で国家としての必要な条件を備えることができたという自信をもって遣唐使を派遣したのだと思います。それが初めて唐に対して「日本」という国号を称したことにも表れています（この点は第九講で述べます）。

図4　藤原京の復元模型

大宝元年という年は、このようにとても重要な年だったのです。ついでに言えば、この年にその後の奈良時代の主役となる二人が誕生しています。一人は文武天皇の子、首皇子《おびと》、もう一人は藤原不比等《ふひと》の娘、安宿媛《あすかべひめ》（光明子《こうみょうし》）で、成長した二人はやがて一緒になり、聖武《しょうむ》天皇と光明皇后となっていきます。

文武天皇の長男として誕生した首皇子は、正統の血を受け継いだ「生まれながらにして皇位が予定された」皇子だったのです。

## 元明即位

天武天皇直系の孫ということで即位した文武天皇でしたが、彼も父親譲りなのか、やはり病弱だったようで、七〇七年（慶雲四）六月にわずか二五歳で亡くなってしまいます。

そこで次の天皇を誰が継ぐのかが、また問題となりました。皇太子もまだ決めていなかったからです。草壁皇子の男子は、文武天皇一人で他にはいません。草壁皇子の兄弟つまり天武天皇の男子は数人が健在です。一方、文武天皇の男子はまだ七歳の首皇子だけ、という状況です。当然、そこでも、天武天皇の子供たち、たとえば舎人皇子や新田部《にいたべ》皇子が皇位につくべきか、あるいは年若い首皇子が後継者にふさわしいのか、といった議論があったものと思います。そして結局、皇位についたのは文武天皇の母親で、草壁皇子の妻であった阿閇《あべ》皇女（元明《げんめい》天皇）でした。

元明天皇が即位した時の言葉（宣命《せんみょう》）によれば、文武天皇の即位は、持統天皇の意思による譲位に基づくが、それと同様に自分もまた先帝・文武の生前の意思によって天皇の地位につくことになったというのです。そして、この元明の即位事情については、のちに聖武天皇が即位した時の宣命に引用された元正《げんしょう》天皇の言葉により詳しく記されています。それによれば、「文武天皇の遺志によれば、本来は自分の子である首皇子が継ぐべきであるが、まだ若くてその任にたえられないので、ひとまず母の元明にゆだねることとした」というのです。つまり、文武天皇の後継者はあくまでも長男の首皇子である。ただし、まだ天皇・皇太子となるには若すぎるので、しばらくの間は文武天皇の母親が天皇の地位について首皇子の成長を待つということであって、このことは先に述べた、持統天皇がしばらく天皇の地位にあって時間をかせぎ、やがて孫に譲位するという点でよく似たパターンであることがわかります。

ただし、細かく見ると、少し違いもあります。持統即位の時点では、持統本人がどう考えていたかを別とすれば、まだ正式な後継者が決まっていないので、それが決まるまでの「時間かせぎ」としての意味が強いのに対して、今回の元明即位は、後継者が決まっているけれども若すぎてすぐには即位できないので、いわば「時間つなぎ」としての即位と言えます。同じく「中継ぎ」の女性天皇といっても、この二つのパターンがあるようです。

それはともかく、以上から、元明天皇が即位したということは、いずれ首皇子が皇位につくことが明確になったことを意味すると考えます。そして、それは草壁皇子の直系の子孫こそが皇位を受け継ぐべき者であり、草壁以外の天武の子孫ではないことの再確認でもあったのです。

このようにして、元明天皇は七〇七年七月に即位しました。年が明けると、年号を和銅と改め、その直後の七〇八年二月に、天皇は都を平城京に移すことを発表しました。本格的な都城であった藤原京を離れて、新しい都をつくるということは国家的大事業となり、その遷都の理由についてはさまざまなことが考えられますが、詳しくはふれません。ただし、これまで述べてきたことからすると、平城京という都が首皇子の即位を目指して完成させるという意味あいもあったことは確かで、それも遷都の理由の一つに挙げることはできるでしょう。

## 3　藤原不比等と聖武即位

### 黒作懸佩刀

話は少しさかのぼりますが、天武天皇亡きあと、妻であった持統天皇が国家づくりを推し進めたことを述べました。ちょうどその頃に臣下の中で着実に力を発揮してきた人物がいます。それが藤原鎌《かま》足《たり》の子、不比等です。彼は大臣をつとめた鎌足の子供というだけではなく、官人としてもとても有能だったようで、大宝律令の作成にも関わりましたし、その後、譲位した持統上皇の信頼を得て、政府の中でも実権を握るようになっていました。何よりも、自分の長女である宮子《みやこ》を文武天皇に嫁がせて首皇子を誕生させ、やがて三女の光明子をその首皇子に嫁がせる、というように天皇家とのつながりを強めていたのです（図5）。

平安時代になるとこうした傾向はますます強まるのですが、藤原氏が、天皇家との密接な婚姻関係を築くことによって大きな権限をもつというあり方は、この不比等の時から始まると言って良いでしょう。つまり、藤原氏が天皇家の「身内」となり、天皇の祖父という立場で権力を握るという平安時代の摂政・関白の原型が不比等にあるのです。

平城遷都が決まった七〇八年（和銅元年）には、官人の世界でも大規模な人事異動があり、この年

図5　藤原不比等の子女

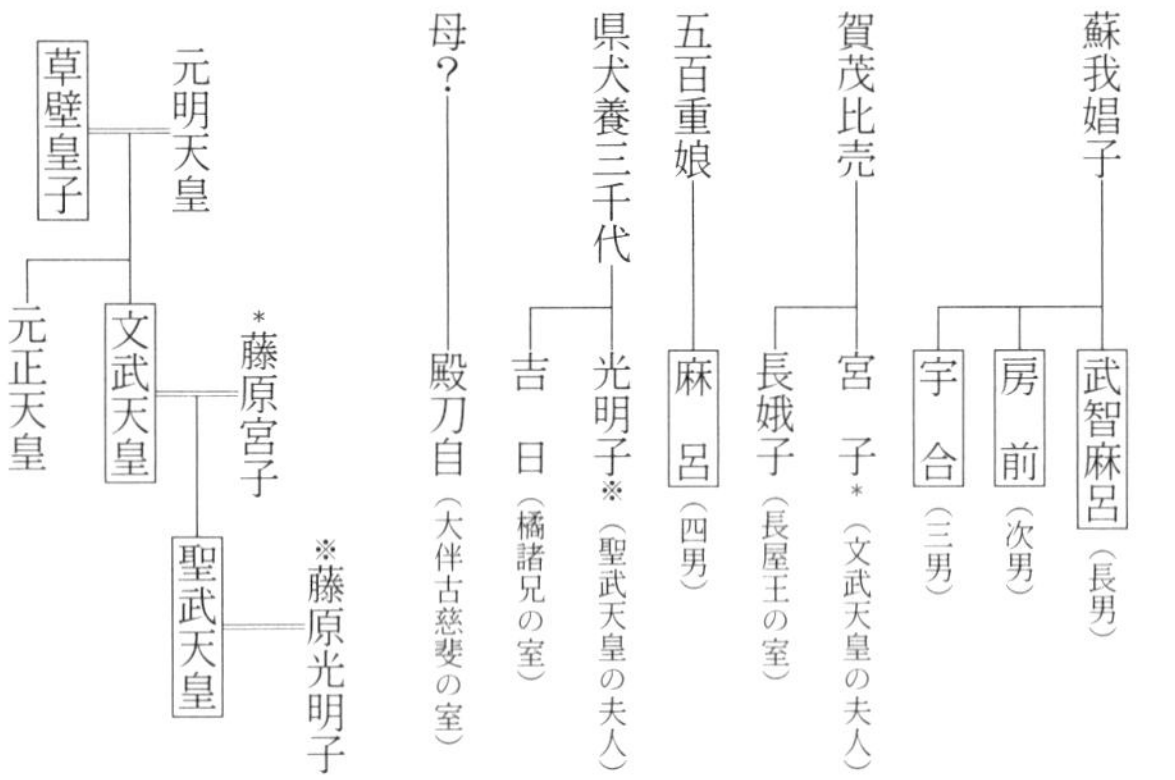


五〇歳となった不比等は右大臣となり、名実ともに権力を確立しました。それからの一二年ほどは、不比等首班《しゅはん》の政府ということになります。彼の主導のもとに、新しい都づくりも本格化してゆきました。つまり、平城京は、いずれ即位するであろう首皇子のための都であり、その造営を首皇子の父方の祖母である元明天皇と、母方の祖父である藤原不比等が推進する、という体制だったのです。

藤原不比等と天皇家との関係を示すエピソードを一つ紹介しましょう。正倉院宝物の中に「黒作懸佩刀《くろつくりかけはきのたち》」という刀があって、宝物の目録である「東大寺献物帳《とうだいじけんもつちょう》」には、その刀の由来について、次のような説明がされています。

　この刀はもともとは草壁皇子のものであったが、彼が亡くなる時にそれを不比等に賜ったこと、その後、文武天皇が即位する時に、不比等はその刀を献上したこと、文武も亡くなる直前にこれを不比等に返したこと、そして聖武天皇即位の時に再度、不比等はこれを献上し、聖武天皇が亡くなった後に東大寺に献納したものである。

というのです。つまり、刀は

草壁皇子→不比等→文武天皇→不比等→聖武天皇

と伝えられたわけですが、これはまさに天武天皇以降の直系の父子相続の流れを示しています。間に女性の天皇を挟みながらも、事実としてもほぼこの通りに天皇位が伝えられ、その皇位継承には藤原不比等がきわめて重要な役割を果たしていたであろうこと、を象徴するような話なのです。先に見た、二人の娘を天皇に入れたこととあわせて、藤原氏と天皇家との密接な関係を示しています。

平城京遷都が決まってから二年後、造営工事が一段落したのでしょう、七一〇年三月に正式に都が移りました。ただし、この時点では首皇子はまだ数え年で一〇歳にすぎません。その後ようやく七一四年（和銅七）六月になって、首皇子は皇太子となりました。そして、皇太子となった首皇子に不比等は三女の光明子を嫁がせました。着々と手を打ってゆくという感じがします。

## 聖武即位

平安時代の中頃になると、摂関政治といって、天皇にかわって摂政や関白の地位にある貴族が実質的に政治を行うようになり、その頃の天皇や皇太子はやや名目的な地位になりますから、子供であっても一向にかまわないと考えられるようになりますが、奈良時代ではそうではありません。有力な貴族が政治を担当するとはいっても、あくまでも天皇の名において政治を行うのであり、最終的な判断は天皇が下さなければなりませんから、年少者は天皇になれませんでした。また、皇太子も次の天皇予定者であるというだけでなく、天皇の代行者という役目がありますから、これも同様です。したがって、成人しないと皇太子にもなることはできませんでした。軽皇子（文武天皇）や首皇子（聖武天皇）は、そうした時代にあって、例外的に若くして皇太子になった方《ほう》なのです。

七一五年（霊亀元）九月、元明天皇は「私も歳をとったし、もう疲れたので天皇の地位を降りたい」と言い出しました。「しかし、皇太子はまだ若いから、しばらくは他の人が天皇を継ぐべきだ」として娘を指名します。それが氷高《ひだか》皇女（元正天皇）です。こうして、独身女性であった元正天皇はしばらくの間、甥である皇太子の即位まで「時間つなぎ」をすることになりました。

話を政府の方にうつしましょう。七〇一年に成立した大宝律令にしたがって、国家のさまざまな面で改革が進められており、その中心人物が藤原不比等であったことは、先に述べました。政府の中の主要な構成員を「議政官《ぎせいかん》」とか「公卿《くぎょう》」と呼びます。内閣の「閣僚」にあたると言えばわかりやすいでしょう。具体的なポストの名を挙げると、左大臣・右大臣・大納言・中納言・参議となった人たちのことです。大臣が各一人、大納言・中納言がそれぞれ一～三人、参議が数人という規模で、欠員もありますから全体で一〇人近いメンバーが議政官となり、国の基本的な政策を決めていました。その中の筆頭のポストについている者が首班、いわば「総理大臣」にあたります。ただし、議政官の会議では、メンバーがひとりひとり意見を述べて、きちんとした議論が行われたようですから、首班が独断で物事を決めるということは、あまりなかったようです。

右大臣であった藤原不比等は、律令国家づくりの基礎が固まるのを確かめたかのように、七二〇年(養老四)八月に亡くなります。六二歳でした。時の議政官ナンバー2は大納言であった皇族出身の長《なが》屋王《やおう》(高市皇子の子)でした。したがって、この時から後は、彼が政府の首班ということになります。もっとも、首班が代わったといっても、政策が大きく変更されるということは少なく、長屋王の時代も、不比等時代の政策を受け継いで、律令制度の実施に力を注ぎ、現実に起こった事態に的確に対応する無難な政治を行っていたと評価されます。

七二四年、首皇太子は二四歳となりました。そして、その二月に元正天皇は譲位し、首皇太子はついに聖武天皇として即位し、年号も養老から神亀《じんき》へと改められました。新しい時代は、聖武天皇―長屋王首班という体制でスタートをきったわけです。

この二人はライバル関係にあったのだとか、長屋王は天皇の地位をうかがう立場にあったといった説をとなえる研究者もいますが、決してそうではありません。血筋から見ても、高市皇子の子である長屋王が天皇となる可能性は考えられませんし、年齢からしても長屋王が聖武より二四歳も年長で、ちょうど親子ほども違いますからライバルとは言えません。むしろ、青年天皇をベテラン皇族が臣下として支えてゆくという関係なのです。事実、両者はしばらくの間、良好な関係を保っていたものと思います。

# 第二講　天皇の位を継ぐこと（二）

## ——聖武天皇の時代——

難波宮史跡公園

## 1　天平の日々

### 長屋王の変

聖武《しょうむ》天皇の即位が実現すると同時に、長屋王《ながやおう》は左大臣となり、名実ともに政府のトップに上りつめました。当初はうまくいっていた聖武と長屋王との間にぎくしゃくした関係が生まれるきっかけとなったのは、聖武天皇の後継者問題ではないかと考えます。

七二七年（神亀四）閏《うるう》九月に、夫人の光明子《こうみょうし》が初めて聖武天皇の男子を出産しました。天皇はもとより、藤原氏（不比等《ふひと》の子供たち）を中心とする官人たちの喜びの中、早くも一ヵ月後には、その子を皇太子としました。前講で述べたように、皇太子というのは天皇の地位を代行すべき立場でもありましたから、このような赤ん坊の立太子は歴史上初めてのことです。天皇の命令とはいえ、この異例な決定に対して、長屋王はどうも反対の意思を表明した可能性が高いのです。というのは、立太子のお祝いに官人たちが訪れた時のことを記した『続日本紀《しょくにほんぎ》』には「大納言多治比池守《たじひのいけもり》、百官をひきいて……」とあるからです。通常であれば、首班である「左大臣長屋王」が官人たちを引き連れてゆくべきで、ここに長屋王の名前がないのは、彼だけはお祝いに行かなかったのであり、それが無言の抗議のように思われます。しかし、天皇の決定は重く、変更はできません。

ところが、翌年九月、まだ生後一年もたっていない皇太子は亡くなってしまいました。聖武天皇・光明子・藤原氏らのショックの大きさが推測され、事実、天皇は亡くなった子の菩提をとむらうために「金鐘山房《こんしゅさんぼう》」という施設を平城京の東の丘につくりました。もっとも、聖武も光明子もまだ二八歳ですから、藤原氏としては光明子に次の皇子が誕生することを期待することになりました。しかし皇太子が亡くなった同じ年に、聖武天皇の別の夫人である県犬養広刀自《あがたいぬかいのひろとじ》が男子（安積《あさか》親王）を出産しました。そうなると、今のところ彼が天皇の唯一の男子ですから、藤原氏にとっては心配のタネが生じたことになります。そこで彼らは、将来の安積親王即位を阻止するためには、夫人の中に序列をつけることが必要だと考えて、広刀自と同じ「夫人」であった光明子を「皇后」に格上げすることを目指したのです。もしも光明皇后が実現すれば、この後に彼女が男子を出産した場合、皇后の子として安積親王よりも優位に立つことができるからです。

ところが、皇族出身でない女性を皇后にすることもまた当時は異例のことで、もしも強引にことを進めれば、規則にやかましく、また自身も皇族の一人である長屋王の強い反対が予想されました。そこで、藤原氏は、先に長屋王を「謀反を企てている」として追い落とし、その後に光明立后《りっこう》を実現させたのだ、という学説が有力です。つまり長屋王は皇位継承問題に関わって無実の罪を着せられ自害したのであり、それを画策したのが藤原氏であろうというものです。事実、七二九年二月に起きた長屋王の変から半年後の八月に光明子は皇后となり、年号も「天平」と改められることになったのです。

『続日本紀』には、光明子を皇后にすると宣言した時の聖武天皇の宣命が残っていますが、じつに言い訳がましいのです。少し訳してみましょう。

長い間、皇后を置かないというのは、国にとっても良くないことだ。光明子は元明《げんめい》天皇のすすめで妃としたのだが、即位以来六年間じっくりと人柄をみてきて、皇后にふさわしい女性だと思うようになった。皇族以外の娘を皇后にするのはおかしいと皆が考えるかもしれないが、かつての仁徳《にんとく》天皇の皇后も豪族出身であるから、今回が特別というわけではないのだ……。

これだけ言い訳をしなければならなかったのは、逆にそれほど光明立后が異例だったことを示すと言って良いでしょう。

## 祥瑞と災異

長屋王が自害をとげた後、政府の中心を占めたのは、藤原不比等の子供たちでした。それ以前から議《ぎ》政官《せいかん》であった長男武智麻呂《むちまろ》と次男房前《ふささき》に加えて、七三一年（天平三）には三男宇合《うまかい》、四男麻呂の二人も参議となり、四兄弟がそろって議政官の仲間入りをはたしました。同じ氏から四人もの議政官が出たこともまた史上初めてです。そして、大納言に昇格した武智麻呂が政府の首班となり、光明皇后とともに聖武天皇を支える体制となりました。また、おおよそこの頃から、聖武自身も積極的に政治に参画するようになったように思われます。

聖武天皇は、在位年数が長い（七二四〜七四九）こともあって、『続日本紀』に多くのコトバ（詔《しょう》勅《ちょく》・宣命《せんみょう》）が記録されています。しかもその中には自分の思いを率直に表明したものが少なくありません。したがって、聖武のコトバを丁寧に読んでゆくと、彼の性格までも浮かび上がってくるように思います。そうした材料からあえて推測すれば、聖武天皇は皇帝（天皇）としてのあるべき姿を自覚しつつ真剣に政治に臨んだ「生真面目な君主」と言って良いのではないでしょうか。

皇帝のあるべき姿とは、中国的な「天命《てんめい》思想」という考え方によるものです。これは、地上を支配する皇帝というのは天上の神（天帝《てんてい》）が指名するものであり、それは世界中で最も人徳のある者に対して天命が下されるのだという考えです。したがって、皇帝は人民を常に慈《いつく》しむような善い政治を行わなければならないし、そのことを天帝は天上から見ているというのです。そして皇帝の徳の政治がうまく行われている時には、「祥瑞《しょうずい》」（めでたいしるし）を表し、逆に政治が良くない時には「災異《さいい》」（災害や異変）を表して警告を発する、というわけです。祥瑞としては、たとえば年号にもなっている「慶雲」（めでたい雲）が現れたとか、「神亀」（神通力をもった亀）の出現といったことがあり、また珍しい動物として「白鹿」「赤烏」「白雉」など、さらに「富貴」「白鷹」も祥瑞の一つです（お酒の銘柄じゃありませんよ）。

日本の天皇も皇帝と同じ立場だと考えていますから、この天命思想に基づいた詔勅を多かれ少なかれ出していますが、特に聖武天皇は他の天皇と比べて数が多くまた真剣です。祥瑞が表れたり、農作物が豊作となったりすれば、人民とともに喜びたいという意思を表明し、逆に災害や天候不順が続けば、「自分の政治が悪いからではないか」と悩んださまがよくうかがえる真面目さなのです。聖武天皇の言葉を二、三紹介してみましょう。

「朕《ちん》は徳が少ないいまま皇位を受け継いだので、恐れおののき、毎日夕方になるとその日過失がなかったかどうか反省をしている。しかし、天地の教えは明かでなく、朕が真の心を尽くしてもこたえてもらえない。逆に星の運行が異常を示し、地震も続いている。こうした災いの責任はすべて朕にある。」

（神亀二年〈七二五〉九月二二日詔）

「甲斐の国から祥瑞である神馬が発見されたという報告があった。これは朕の徳によるのではなく、地の神が賜ったのである。朕は不徳であるから、どうして一人だけでこの祥瑞を受けることができよう。天下の人々とともに喜びたい。」

（天平三年〈七三一〉一二月二一日詔）

「このごろ天変がしきりに起こり、地はしばしば震動している。まことに朕の導きが悪いために罪を犯す民も多い。その責任は朕ひとりにあり、民にあるのではない。そこで、寛大に罪をゆるすこととした。」

（天平六年〈七三四〉七月一二日詔）

といった具合です。ところが『続日本紀』を見ると、天平年間の前半期は特に天候が不順であったり、災害もしばしば起こっており、そのことが大いに聖武天皇を悩ませました。たとえば、七三一年（天平三）の夏は全国的に日照りがあったかと思うと、秋には大風雨で各地に被害が起こり、七三三年は

| | 長屋王の変前【729年正月】 | 長屋王の変後【731年12月】 | 天然痘直前【736年12月】 | 病没者【737年】 |
| --- | --- | --- | --- | --- |
| 左大臣 | 長屋王 → | ×(729年2月) | | |
| 右大臣 | | | **藤原武智麻呂** → | ×(737年7月) |
| 大納言 | 多治比池守 → | ×(730年9月) | | |
| | | **藤原武智麻呂** → | | |
| 中納言 | 大伴旅人 → | ×(731年7月) | | |
| | **藤原武智麻呂** → | | | |
| | 阿倍広庭 → | 阿倍広庭 → | ×(732年2月) | |
| | | | 多治比県守 → | ×(737年6月) |
| 参議 | **藤原房前** → | **藤原房前** → | **藤原房前** → | ×(737年4月) |
| | | 多治比県守 → | | |
| | | **藤原宇合** → | **藤原宇合** → | ×(737年8月) |
| | | **藤原麻呂** → | **藤原麻呂** → | ×(737年7月) |
| | | 鈴鹿王 → | 鈴鹿王 | |
| | | 葛城王 → | =橘諸兄 | |
| | | 大伴道足 → | 大伴道足 | |

図6　藤原四兄弟の昇進と死

また一転して日照りで、飢饉におちいる。さらに翌年は大地震による山崩れで圧死者多数、といったありさまで、まさに連年の被害続きでした。

　そうした中で天下を揺るがした天《てん》然痘《ねんとう》が蔓延《まんえん》しはじめます。七三五年(天平七)、九州の大《だ》宰府《ざいふ》から天然痘発生の報告が入るのですが、ウィルスをもたらしたのは、どうやらその前年に帰国した遣唐使だったようです。数々の優れた文物とともに、病気をも輸入してしまったのです。そして七三六年から翌年にかけて、天然痘は全国にひろがり、都でも多数の死者を出すようになりました。特に政界の中心人物たちが相次いで亡くなったことは、歴史を変える事件となりました。

七三六年当時の政府内の序列は藤原武智麻呂、多治比県守《あがたもり》、藤原房前の順で、この後に、藤原宇合、藤原麻呂、鈴鹿《すずか》王、橘諸兄《たちばなのもろえ》、大伴道足《おおとものみちたり》と続きます。翌七三七年、このうちの藤原四兄弟と多治比県守が天然痘にたおれ、一転して皇族出身の橘諸兄を首班とする政権が発足するという劇的な展開をとげました（図6）。藤原氏は壊滅的な打撃を受け、再び権力を握るのは、約二〇年後、武智麻呂の次男仲麻呂が登場するのを待たなければならなくなります。聖武天皇にとっては、片腕と頼む四人を一度に失ったわけですから、大変なショックだったことでしょう。

「これは数年前に長屋王を死に追いやったことの祟《たた》りではないか」として、生き残った長屋王の子供たちに特別に位階をあげたり、光明皇后が大規模な写経事業に力を入れるようになるのも、ちょうどこの頃からなのです。

## 2　苦悩する聖武天皇

### 聖武の彷徨

七四〇年（天平一二）九月、藤原宇合の子、広嗣《ひろつぐ》が九州の大宰府で反乱を起こしました。トラブルがあって大宰府に左遷されていた彼には鬱屈《うっくつ》があったのでしょう。乱そのものは程なく鎮圧されますが、聖武天皇にとっては殊《こと》の外《ほか》、衝撃が大きかったようです。

理由の一つは、藤原一族といういわば「身内」から自分に反逆する者が出たことであり、それは武智麻呂以下の四兄弟の死に引き続いてのショックと言えるでしょう。もう一つは広嗣が言ったコトバに注目すべきだと思います。彼は天皇に意見書を出したのですが、そこには「時政の得失を指《さ》し、天地の災を陳《の》ぶ」という語句があります。つまり、広嗣は天変地異が頻発するのは天皇の政治の失敗であると言っているのです。このことは聖武が最も気にしていたことに違いありません。

図7　恭仁宮大極殿跡

聖武天皇は、広嗣の乱が起こると突然、「朕、思うところがあって」と言いながら、一〇月末に平城京を離れて東方に向かって旅立ちました。一一月に伊勢国に入ると、伊勢神宮に使者をつかわして奉幣《ほうへい》し、そこから北上して美濃国の不破《ふわ》に到着しました。ところが一二月に入ると西に転じ、琵琶湖沿岸からぐるっとUターンして、一二月に山背《やましろ》国に戻ると、そこに都を定めて遷都すると宣言しました。それが恭仁《くに》宮です。恭仁宮は現在の京都府木津川市にあり、平城宮からは東北方一〇キロあまりのすぐ近くに位置しています。そこに直行せずに大回りしてきた理由は、よくわかりません。前半のルートは、ちょうど壬申《じんしん》の乱の時の大海人《おおあま》皇子のたどった道と同じで、それを追体験したのだという指摘もあります。いずれにせよ遷都宣言にいたるわけですから、聖武は平城宮を捨てるという大きな覚悟のもとに出かけたことは間違いなさそうです。やがて、平城宮の建物の移築がはじまり、中心的建物であった巨大な大極殿《だいごくでん》も解体して恭仁宮に移し建てられました。

ところが、それから後の五年間、天皇は恭仁宮に止まることなく、新たにつくった紫香楽宮《しがらき》と難波《なにわ》宮をあわせた三つの宮の間を行き来するようになり、腰が落ち着かない彷徨《ほうこう》が続くことになります。その間の天皇の動きを見てみましょう(表1)。

dのように遷都の宣言を出したり、eのように宣言しなかったりしますから、その時々の都がどこなのかをはっきりさせることは難しいのですが、一応は、a〜cまでは恭仁宮、dの時に難波宮、eの時は紫香楽宮が首都で、それ以外の宮は副都と見るべきでしょう。

それにしても、bでは天皇が首都の恭仁宮を三ヵ月も離れてもっぱら大仏造立に関心がいっていたり、dでは、難波遷都の宣言をしたまま天皇自身はしばらく難波宮を空けたりと、どう考えても異常です。この不可解な行動についてもいくつかの説がありますが、天皇の精神状態が不安定となり、政治に対する自信をすっかり失っていることだけは間違いありません。天皇は、紫香楽宮につくりはじめた大仏の完成を目指し、その力に縋《すが》って世の平和をひたすら願う、という方向に転換してしまった

図8　聖武天皇の行幸経路

表1　聖武天皇の所在

| | |
|---|---|
| a | 七四〇年一二月～七四三年七月（三一ヵ月余）、恭仁宮に滞在。この間に紫香楽宮に三度出かけ、それぞれ一週間前後で恭仁宮に戻っている |
| b | 七四三年七月～一一月（三ヵ月余）、紫香楽宮に滞在。この間に同所において大仏造立を宣言する |
| c | 七四三年一一月～七四四年閏正月（三ヵ月余）、恭仁宮に滞在 |
| d | 七四四年閏正月～二月（一ヵ月半）、難波宮に滞在。この間に難波遷都を宣言するが、しばしば紫香楽宮に出かけている |
| e | 七四四年二月～七四五年五月（一五ヵ月）、紫香楽宮に滞在。実質的な紫香楽遷都と言って良い |
| f | 七四五年五月、平城宮に戻る |

ように思います。聖武天皇は、もともと身体がそれほど丈夫ではなく、この間に病気が重くなったことも、それに拍車をかけたことでしょう。

## 聖武の後継者問題

聖武天皇の後継者問題に話を戻します。聖武の夫人は、先に挙げた光明皇后と県犬養広刀自の他にも数人いたらしいのですが、詳しくはわかっていません。藤原武智麻呂の娘、房前の娘、橘佐為《たちばなのさい》（橘諸兄の弟）の娘などが、相次いで入内《じゅだい》したようですが、跡継ぎを産むことなく終わっています。結局、聖武の子として確認できるのは、先の二人が産んだ計五人だけとなります（図9）。

天然痘の猛威がようやく収まりつつあった七三八年（天平一〇）正月、皇太子が決定しました。それは、光明皇后の産んだ娘の阿倍《あべ》内親王でした。これはどういうことでしょうか。二一歳という年齢に問題はありません。しかし、彼女はいまだ独身です。つまり、阿倍皇太子がそのまま即位しても、その跡継ぎをどうするのか、という先行きが見えないのです。未婚の女性皇太子というのも史上初めてのことでした。一方で、聖武天皇の唯一の男子となった安積親王が成長しつつあったわけで、彼を差し置いて阿倍皇太子を決めたのは、やはり母親の光明皇后の存在が大きいと言って良いでしょう。「皇后の子」という点が有利に働いたのか、あるいは、皇后自身が将来ふたたび男子を出産する可能性を考えての「とりあえずの」皇太子だったのかもしれません。

しかし、この阿倍皇太子には異論もあったようです。後々のことになりますが、七五七年（天平宝字元）、橘奈良麻呂《ならまろ》が反乱を起こそうとして失敗して捕まり尋問を受けた時の話によれば、阿倍皇太子が決められた後でも、「まだ正式な皇位継承者が決まっていない」と主張して同志を集めようとした、と語っています。つまり、この決定は当時としても異例であり、阿倍内親王を正式な後継者とは認めな

図9　聖武天皇の子女（子の冒頭の番号は誕生の順）

皇后　藤原光明子（七〇一～七六〇）
- 2 阿倍内親王（七一八～七七〇）
- 3 某　皇太子（七二七～七二八）

夫人　県犬養広刀自（?～七六二）
- 1 井上内親王（?～七七五）
- 4 安積親王（七二八～七四四）
- 5 不破内親王（?～?）

い官人たちがいたことがわかります。

そして、結果的にその後も聖武に男子が生まれることはなく、七四〇年から七四五年にかけて都を転々としたことは、右に述べた通りです。その間に注目すべきことが起こりました。七四四年（天平一六）閏正月のことです。

この時、聖武天皇は恭仁宮から遷都するために、難波宮に出かけました（表1のd）。天皇と一緒に恭仁宮からスタートした安積親王が途中で脚気《かっけ》となり、急遽《きゅうきょ》、恭仁宮に引き返しました。そしてその二日後に急死してしまうのです。ことがあまりにも急なために、何か事件性があるのではないか、という疑いをもつ研究者もいます。つまり、光明皇后や阿倍皇太子の立場からすると、安積親王の存在がやはり気になっていたのではないか、聖武の血を引く唯一の男子で、今や一七歳に成長し、彼に期待を寄せる官人たちも増えつつあったようで、これを危険と判断して暗殺したのではないか、暗殺したとすれば、当時恭仁宮の留守《るす》を担当していた藤原仲麻呂が怪しいのでは、というのです。

こうしたことは公式の歴史書である『続日本紀』は当然何も語りませんから、事の真相は不明です。しかし、暗殺だとすると、父親である聖武天皇の了解がとれていたとはとうてい思えませんし、かりに藤原氏にそうした思惑があったとしても、実行するのはきわめて「危険なカケ」ですから、そこまでの冒険をするだろうかと思い、私はこの説にはあまり肩入れしません。

いずれにしても、この安積親王の急死によって、ついに聖武天皇の男子はいなくなり、後継者問題は「振りだし」に戻ってしまいました。

## 三宝の奴

聖武天皇は若い頃から仏教に対する信仰が厚かったのですが、それは光明皇后の影響もあったようです。その聖武が、鎮護《ちんご》国家《こっか》仏教という考えに傾いてゆき、七四一年（天平一三）二月、全国に国分寺・尼寺の建立を命令し、さらに七四三年一〇月には紫香楽宮に巨大な盧舎那《るしゃな》大仏をつくろうとしたのです。それこそが政治だ、と本人は真剣に考えていたのかもしれません。大仏造立の詔で聖武天皇は、次のように述べています。

天下の富と勢《いきおい》をもっているのは朕である。その富と勢によって大仏をつくろうとすれば、それはたやすいことである。しかしそれでは心が通じないから、仏と縁を結ぼうという人々を募り、皆の力を合わせて大仏をつくろうと思う。

やや方向が変わったとはいえ、国民の力を結集して大仏をつくり、その仏の力で世の中が良くなることを信じている宣言と読みとることができます。

しかし、この頃の相次ぐ遷都は、官人をはじめとする都の人々にとってはたいへんに迷惑であり不評でした。都の周辺では山火事が相次ぐなど、しだいに不穏な状況となります。そして天皇自身が一時、重病におちいったこともあって、最後は官人たちの説得により、平城京に都を戻すことに同意し

図10　東大寺大仏

ました。それが七四五年（天平一七）五月のことです。おそらく平城還都は、聖武自身の意にそわないことでしたが、やむを得ません。ただし天皇がつけた条件の一つとして、紫香楽宮で中断した大仏を平城京の東方に改めて造るということがあったように思います。それがやがて東大寺の成立へとつながってゆくのです。

この頃から、聖武天皇の体調はますます悪くなり、その度に恩赦《おんしゃ》が出され、法会《ほうえ》を開いては病気平癒《へいゆ》を祈ることがくり返されます。そうして気力も衰えた聖武は、譲位を考えるようになりました。しかし皇位継承者である娘の阿倍皇太子はいまだに未婚です。かりに彼女が即位しても、そのあと誰と結婚させるのか、全く不透明な状況なのです。

晩年の聖武天皇は、自身の重い病に苦しみ、皇位継承問題に心を残しながら、政治からは離れて仏教に没入する日々だったのでしょう。そうして、七四九年（天平勝宝元）を迎えます。その正月、天皇は大僧正《だいそうじょう》の行基《ぎょうき》から菩薩戒《ぼさつかい》を受けて出家しました。四月には、ようやく形ができあがってきた大仏に、塗金のための砂金が陸奥国から産出したことを報告。そして七月、ついに阿倍皇太子（孝謙《こうけん》天皇）に譲位しました。

天皇がその地位についたままで出家する、というのは聖武が最初の例となります。また四月の大仏に産金を報告する場面では、天皇が大仏に対して「北面」し、自らが「三宝《さんぼう》の奴《やっこ》としてお仕えする」と述べています。出家するとは仏の弟子になるということであり、「北面」することは「臣下としての礼」をとるという意味です。しかも多くの人々の前で「三宝（仏・法・僧）の奴」と自称したのですから、きわめて重大な宣言だと言えます。つまり、ここで天皇と仏教との関係が逆転したことを意味します。それまでは、天皇が仏教を保護し、かわりに仏教は国家や天皇に奉仕するという立場でしたが、ここでは明らかに天皇が仏教の下に立ったことになります。あるいは、そのことが、後に称徳《しょうとく》天皇（孝謙）が道鏡《どうきょう》という僧侶を皇位につけようとしたことと、論理的につながってゆくことなのかもしれません。

譲位した聖武太上天皇は、ひたすら大仏の完成を願うようになったことでしょう。そして七五二年の大仏開眼を見届けると、七五六年（天平勝宝八）五月に、五六年の生涯を閉じました。

亡くなる直前に、聖武は気がかりであった皇位継承について遺言を残しました。それは、孝謙天皇の皇太子として、新田部《にいたべ》親王の子、道祖《ふなど》王を指名したのです。このことは、草壁皇子以来続いてきた

「正統の血筋」がついに途絶えることを認めざるを得なかったことを意味します。

光明皇太后は、聖武の四十九日の法要を終えた後その遺愛の品々をゆかりの深い東大寺に寄進しました。それが正倉院宝物の始まりです。保存状態がきわめて良く、今日世界に誇れる優品となっていますが、その点は第七講で改めて述べましょう。

# 第三講　天皇の位を継ぐこと（三）

——奈良時代のおわり——

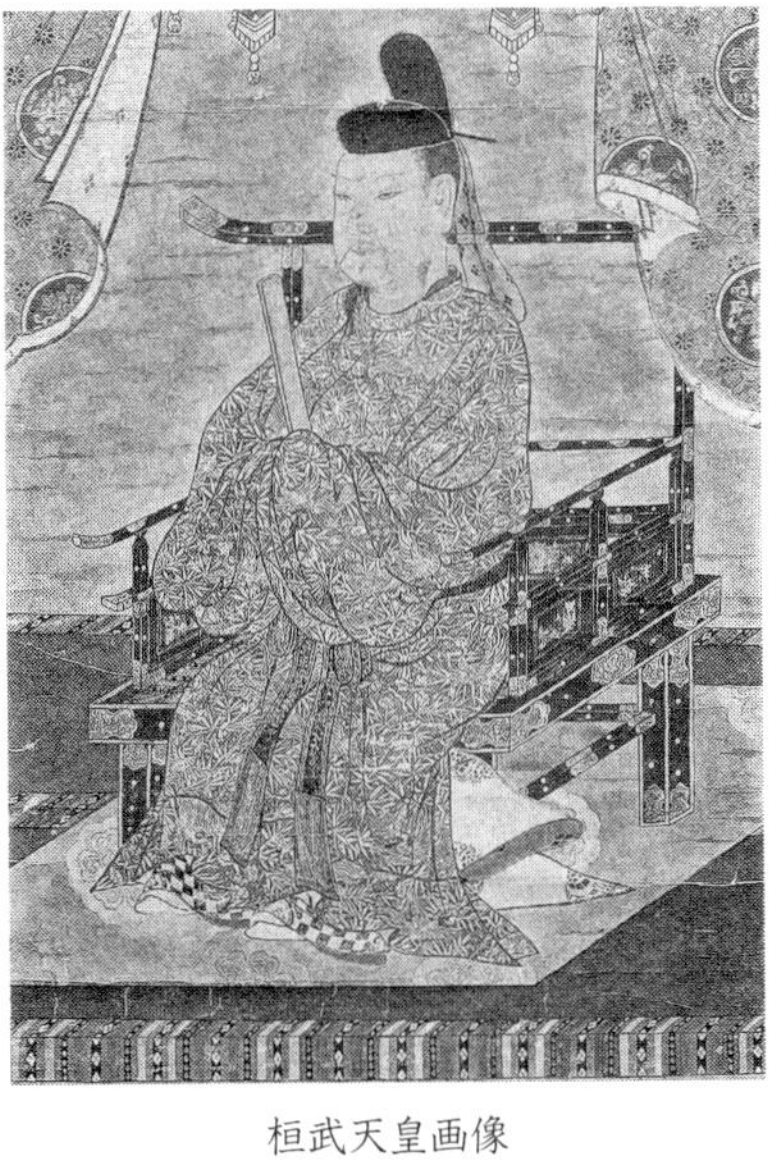

桓武天皇画像

# 1 藤原仲麻呂

## 人物の評価

歴史上の人物についてのイメージというのがあります。何となく好ましい人だとか、能力はあったかもしれないが人柄はあまり良くなかったらしいといった評判のようなもので、そうした人物評価というのはある程度定着しているように思います。たとえば、源頼朝と源義経の人気投票をすれば、一対九くらいで義経に票が集まるでしょう。事実かどうかは別として、義経は悲劇の人として同情が集まり、頼朝は非人情な兄というイメージがあって、これが「判官《はんがん》びいき」（もとは、薄幸の九郎判官義経に同情し愛惜する意）と言われるわけです。

また、坂本龍馬の人気が高いのは、司馬遼太郎さんの小説『龍馬がゆく』などの影響が大きいといったこともあるのではないでしょうか。さらに、これまで一般にはあまり評判が芳しくなかった平清盛も、NHK大河ドラマのおかげで、好感度が少しアップするかもしれません。

あるいは、時代の歴史観が人物評価に反映するということもあります。特に戦前のように、天皇が絶対的存在であった時代には、歴史上の人物も、天皇に対してどうしたかが大きな基準として評価されました。足利尊氏などは、後醍醐《ごだいご》天皇らの南朝に反抗して勝手に北朝の天皇を押し立てた、というのできわめて評判が悪く、一方、死ぬまで後醍醐を支え続けた楠木正成《くすのきまさしげ》などは「忠臣」としてもてはやされたのです。

古代の人物評価として有名なのは、やはり戦前の歴史観によるもので、皇族でないにもかかわらず天皇の地位につこうとした道鏡《どうきょう》などはとんでもない悪人とされ、その思惑を阻止した和気清麻呂《わけのきよまろ》こそが忠臣であって、彼の肖像は明治時代の一〇円紙幣に印刷されました。紙幣のモデルになるというのは、発行された時代の一つの評価と言って良いかもしれません。

ここで取り上げようとする藤原仲麻呂も、絶大な権力を握りながら、その後に孝謙《こうけん》上皇と対立し反乱を企てて失敗したということで、かつては評価の低い人物だったと言えるでしょう。しかし、歴史研究が進んでくると、偏った歴史観に修正が加えられ、事実に即した再評価がなされるようになってきました。戦後の仲麻呂研究などは、その一例と言って良いと思います。

## 仲麻呂の権力確立

藤原仲麻呂は、武智麻呂《むちまろ》の次男として七〇六年（慶雲三）に生まれました。凡庸な兄・豊成《とよなり》にくらべて若い頃から才能あふれる若者で、官人としての能力も抜群、藤原四兄弟の次の世代をになう「期待の星」でした。『続日本紀《しょくにほんぎ》』に記された人物評によれば、「率性聡敏《そっせいそうびん》にしてほぼ書記《しょき》にわたる。算を学びてもっともその術にくわし」（生まれながらかしこくて、多くの書物を読み、算術にも通じていた）と最

図11　藤原氏系図

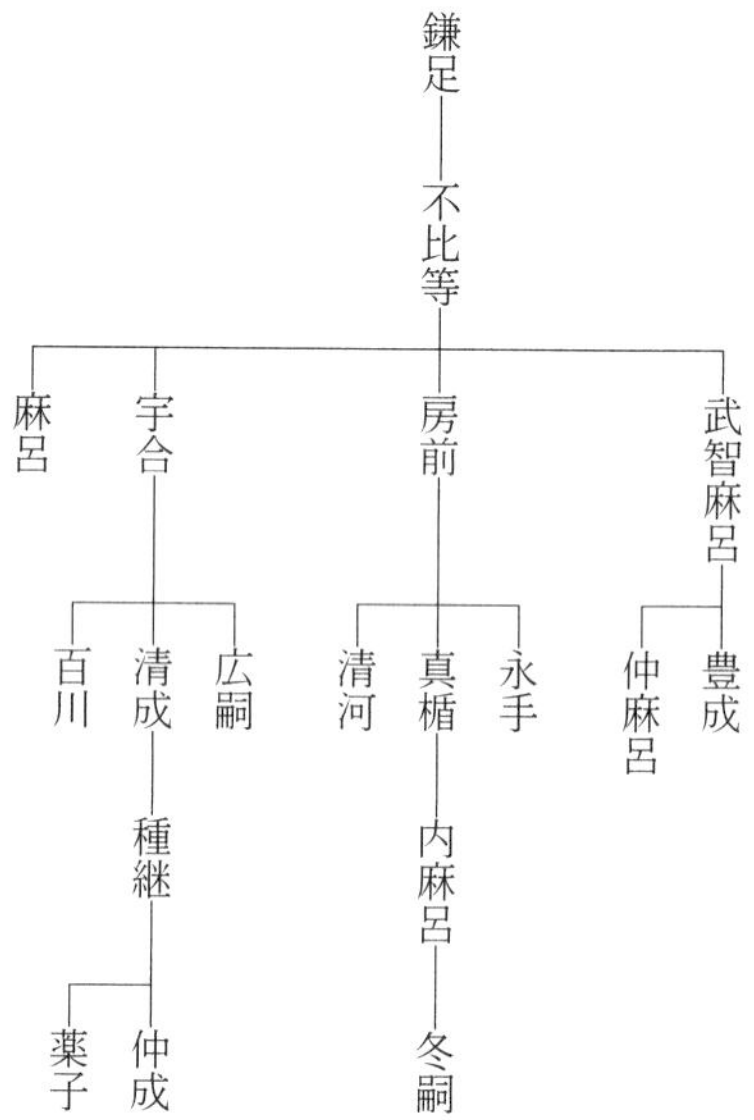


高級のほめ言葉です。晩年に反乱を起こした人物にしては破格の評価と言うべきでしょう。

　七三四年（天平六）に五位の位階を得て以後、順調に出世を重ねていきました。叔母《おば》にあたる光明《こうみょう》皇后が彼の能力を高く買っていましたし、大仏建立に突き進む聖武《しょうむ》天皇にも協力するなど、人間関係もうまく築いていったようです。そして、聖武天皇が孝謙天皇に譲位した七四九年（天平勝宝元）の時点では、政府のナンバー3となっていました。つまり、左大臣橘諸兄《たちばなのもろえ》（六六歳）、右大臣藤原豊成（四六歳）、大納言仲麻呂（四四歳）、大納言巨勢奈弖麻呂《こせのなでまろ》（八四歳）という順で、老齢の二人を除けば、豊成と仲麻呂の兄弟が孝謙天皇を支えるという体制だと言えます。さらに仲麻呂は、この時、紫微令《しびれい》という別のポストを兼務していたことが重要です。

　聖武天皇が譲位して太上天皇《だいじょうてんのう》（上皇）となると、光明皇后は皇太后《こうたいごう》となります。そして皇后のために置かれていた役所「皇后宮職《こうごうぐうしき》」の名称を変更して「紫微中台《しびちゅうたい》」という組織としましたが、その長官が紫微令なのです。しかも、紫微中台は、皇后宮職よりもはるかに規模が大きく、その権限も大きくなっていました。なぜかというと、聖武天皇が引退し、娘に譲位したとはいえ、まだ孝謙天皇は経験が浅く、それを実質的に後見するのは、病気がちな聖武上皇ではなく、母親の光明皇太后となったからです。したがって、重要な指示は皇太后の名前で、紫微中台から出されることになったようです。つまり、仲麻呂は政府の中ではまだトップに立ってはいませんでしたが、光明皇太后の後ろ盾を得て、大きな権力を握りつつあったと言えるのです。

聖武太上天皇が七五六年（天平勝宝八）五月に亡くなり、遺言として孝謙天皇の皇太子に新田部《にいたべ》親王の子、道祖《ふなど》王を指名したことを先に述べました。しかし、この遺言は一年も経たずに反故《ほご》にされてしまいました。七五七年三月、道祖王は不道徳だとして突然皇太子を廃され、替わって別の皇太子を定めることになりました。いろいろな候補者の名が挙がったのですが、次のような孝謙天皇の言葉で決定しました。

皇族の中では、舎人《とねり》親王と新田部親王の家系が重要で、先に新田部の子の道祖王を立てたが失敗だったので、今回は舎人の子の中から選びたい。その中では、船王と池田王については悪い評判があるが、大炊《おおい》王だけはそういう話を聞かないから、彼を皇太子にしようと思う。

もっともな理由のように聞こえますが、じつはウラがあります。この大炊王は、すでに結婚していて、その相手は粟田諸姉《あわたのもろね》という女性です。彼女はかつて藤原仲麻呂の子・真依《まより》の嫁だったのですが、真依は亡くなり、その後も仲麻呂の屋敷に住んでいて、そこに大炊王を迎えていたのです。つまり、

図12　両親王の男子

舎人親王 ― 船　王 / 池田王 / 大炊王

新田部親王 ― 塩焼王 / 道祖王

大炊王は、藤原仲麻呂の宅に同居していた「ムコ」のような存在だったわけです。その大炊王を皇太子に指名したということは、この時点で光明皇太后と孝謙天皇の了解のもとに、政治を仲麻呂に担当させる、という宣言でもあったのです。

こうした動きに反発した橘奈良麻呂は、クーデターを企てますが、七五七年（天平宝字元）七月に発覚して失敗におわり、政府の首班であった父・橘諸兄は引退。大炊王が同年八月に譲りをうけて淳仁《じゅんにん》天皇となると、もはや完全に藤原仲麻呂の権力が確立したことになります。

## 仲麻呂の政策

実権を握った仲麻呂は、新しい政策を次々と打ち出していきました。そのうちの主なものを列挙してみましょう。

①養老律令の施行（七五七年五月）――藤原不比等《ふひと》によって完成されながら「お蔵入り」していた律令を大宝律令にかえて施行した。

②税の軽減――「雑徭《ぞうよう》」の負担を半減し（七五七年八月）、「中男《ちゅうなん》」「正丁《せいてい》」といった納税年齢を一年繰り上げた（七五七年四月）。

③問民苦使《もみくし》の派遣（七五八年正月）――民情を直接視察するための使いを派遣し、全国を巡回させた。
④役所・官職名の変更（七五八年八月）――「太政官」を改めて「乾政官《けんせいかん》」とし、「右大臣」を「太保」とするなど、全面的な名称変更を行った。
⑤新貨幣の発行（七六〇年三月）――「和同開珎《わどうかいちん》」以来約五〇年ぶりに「万年通宝《まんねんつうほう》」という銅銭を発行した。
⑥漢風諡号《かんぷうしごう》の制定――歴代の天皇に対して、「推古《すいこ》天皇」「元明《げんめい》天皇」といった中国的な「おくり名」を定めた。
⑦新しい国史の編纂開始――「日本書紀」につぐ国の歴史書をつくりはじめた。ただし、編纂作業は中断してしまい「続日本紀」として完成するのは、桓武《かんむ》天皇の時代になる。

こうした政策について、かつては、自分の先祖の業績を顕彰するためだ（①）とか、「中国かぶれ」の仲麻呂が行った「唐風趣味」にすぎない（③④⑥）といった批判が多かったのですが、それは仲麻呂という人物を高く評価しないという前提に立った解釈と言うべきでしょう。しかし冷静に考えてみると、仲麻呂の時代は、大宝律令が施行されてからすでに六〇年も経っており、さまざまな面で制度の修正が必要となりつつあったのだろうと思います。そうした現実的な課題に対して、具体的にこたえようとする姿勢で政治に臨んだ、というように積極的に評価すべきではないでしょうか。②③⑤などはそうした表れであると考えます。

もっと言えば、仲麻呂という有能な政治家は、明確な「国家」像をもっていたように思います。つまり、律令・国の歴史書・租税制度・貨幣……といった国家としての重要な要素を総合的に考えて政策を実施していたのではないでしょうか。そして、それは祖父の不比等が中心となってつくり上げた六〇年前の律令国家を「次の段階」に進めようとしていた、というのが私の考えです。しかし残念ながら、仲麻呂の構想は本人の死によって途中で挫折してしまい、実現はしませんでした。

## 2 称徳女帝

### 上皇という地位

太上天皇、略して上皇とは退位した天皇のことですが、その権限はかなり強いものがありました。中国と比較してみるとよくわかります。中国の皇帝は亡くなるまでその地位にとどまることが原則で譲位する例は少ないのですが、皇帝が地位を降りた場合、その前皇帝は完全に隠退し新皇帝に政治的な口出しをすることはありませんでした。ところが、日本の上皇は、天皇とほとんど同じ権力をもっていて独自に詔勅《しょうちょく》といった命令を出すことができる規定になっていました。

なぜ、そうした制度にしたのかといえば、最初の本格的な律令であった大宝律令をつくった時の状況が反映しているのではないか、と言われます。大宝律令完成の七〇一年は文武《もんむ》天皇の時代で、彼はまだ一九歳と若く、実際には、祖母であり経験豊富な持統《じとう》上皇の強力な後ろ盾を必要としていたのです。そのために元首は天皇であるが、上皇もまたこれと同様の権限をもって天皇を支える、というあり方にしたのだ、という説が有力です。

たしかに、この制度は、正統な血筋の後継者に着実に皇位を伝えてゆく、そのために必要ならば「中継ぎ」を挟みながら、譲位という形をとり、譲位後の上皇も後見人として新天皇を補佐する、という点で良く考えられたものかもしれません。ただし、これは、天皇と上皇とが対立する、といったことは全く想定していない制度なのです。ところが、現実に両者の対立が表面化してしまいました。そうなると二つの権力が併存することの問題点が明らかになってきます。それが、淳仁天皇と孝謙上皇の関係です。

孝謙天皇の皇太子として、道祖王を廃して大炊王に替え、やがて孝謙は譲位して上皇となり、大炊王は淳仁天皇となったわけですが、そこまでは両者は仲良くやっていたはずです。ただし内心ではどうだったのでしょうか。孝謙は聖武天皇の子として「正統意識」が強い女性だったようで、たとえ了解のもとではいえ、傍流の血筋である淳仁天皇を軽く見る傾向があったように思います。一方、淳仁からすると、仲麻呂の「傀儡《かいらい》」だと見られながらも、即位すれば、天皇の地位は重いし、少しでも自分の意向を政治に反映させたいと考えていたのでしょう。

そうした中で、皇室の「ゴッドマザー」的存在だった光明皇太后が、七六〇年（天平宝字四）六月に亡くなってしまいます。このことは、天皇と上皇にとっては「重石《おもし》」がとれたとも言えますし、また一方では「調整役」がいなくなったことでもあります。その痛手を最も痛感していたのは、実は藤原仲麻呂だったのでしょう。天皇・上皇・皇太后の三者を上にいただきながら実際の政治を動かしていたのが仲麻呂ですから、その関係が崩れると一気に不協和音が出てきたのです。

天皇と上皇の対立の背景には、仲麻呂による権力集中や次々に打ち出される政策への批判といったこともあるでしょうが、直接のきっかけとなったのは、孝謙上皇と道鏡との関係でした。一時、病気となった上皇を治療してくれたのが道鏡という僧侶で、そこから上皇は急速に道鏡に接近し、男女の関係を深めていきます。俗な表現をすれば、二人があまりにもイチャイチャしすぎるので、これを見かねた天皇が「いいかげんにしなさい」と注意したのですが、これにカッとなった上皇はヒステリックに「何よ！　あなたなんか、私が推してあげたから天皇になれたんじゃないの！」――ということで、両者が対立をしてしまいます。挙げ句のはては、孝謙上皇が天皇に対してこう宣言します。「政事《まつりごと》のうち、恒例の祭祀《さいし》などの小さな事柄は天皇が行いなさい。ただし、国家の大事と賞罰の二つについては、今後は私が行うこととする」と。

ここまでくると、天皇・上皇の権限がほぼ同じという制度の弊害は明らかで、官人たちも天皇派と上皇派に真っ二つにわかれてしまいました。淳仁天皇派とはつまり仲麻呂支持派であり、孝謙上皇についたのは反仲麻呂派ということで、結果的に藤原仲麻呂の乱によって仲麻呂は殺され、淳仁は天皇を廃されて流罪となり、上皇側が勝利することになりました。七六四年（天平宝字八）九月のことです。

### 道鏡が天皇に？

孝謙上皇は再び皇位につき、称徳《しょうとく》天皇となりました。これまでの経緯からわかるように、その後はますます道鏡に肩入れし、彼の地位は急速に上昇していきます。それは、たんに仏教界での地位にとどまりません。「大臣禅師《ぜんじ》」「太政大臣禅師」「法王」と肩書きが変わるとともに、道鏡は政府の中でも重要な役割を果たすようになり、そしてついに、称徳女帝は道鏡を天皇にしようと考えるようになりました。

第二講で、聖武天皇の時に、天皇と仏教との関係が大きく変化したことを述べましたが（四五頁）、そのことは称徳（孝謙）天皇の場合、最も顕著に表れます。彼女は、父母の影響もあって、早くから仏教の信仰が厚く、そうした環境のもとに成長しました。そして、父の聖武は天皇として初めて受戒したわけですが、孝謙の場合には、先に受戒をして、その後に聖武の譲位によって即位したのです。つまり、仏の弟子が天皇になる、という順番なのです。しかも、いったん淳仁に譲位した後に再度、天皇位に復帰する時には、出家した姿のまま即位しており、仏教との関係でいえば、聖武天皇以上に特異な天皇ということになります。

その称徳天皇が、自分の血を受け継ぐ者がいない中で、仏教の師匠であり最も信頼する道鏡に、仏教界だけでなく俗界の支配も委ねるために天皇の地位を譲ろうとしたのは、本人の意識としては、それほど不自然ではなかったのかもしれません。それに称徳は、生前の聖武から「王を奴となすとも、奴を王と云うとも汝のなさむまにまに」、つまり、天皇になったからには、王を奴隷としようが、逆であろうが、自分の思い通りに行うように、と言われていたというのです。つまり、天皇の意思として道鏡を指名し、道鏡の力と仏教の力とによって混迷する世の中を治めていこう、というのが称徳の論理だったのでしょう。

図13　宇佐八幡宮

その後、豊後（大分）の宇佐八幡宮《うさはちまんぐう》で、神の託宣《たくせん》があって、「道鏡を天皇位につけよ」と言ったとか、使者を派遣して確かめたところそれはウソだったといった騒動が起こるわけですが、その詳細については省略します。結局、称徳天皇の理屈は、朝廷の人々の納得を得られませんでした。つまり、「天皇の意思による後継者指名」よりも「神々の時代から続いてきた天皇家の血筋を引く者」という

図14　天皇家系図

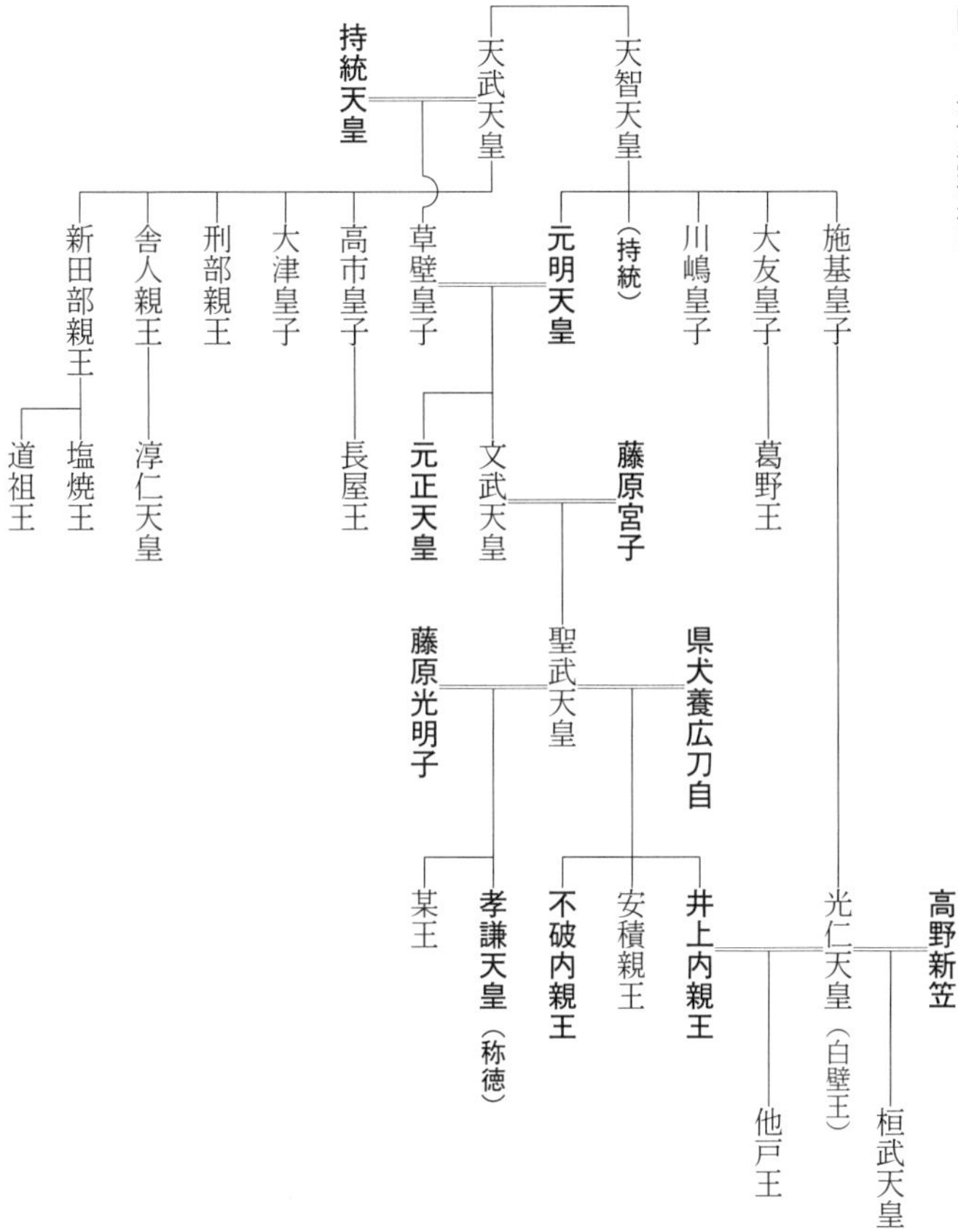
天智天皇
天武天皇
持統天皇
施基皇子
大友皇子
川嶋皇子
(持統)
元明天皇
草壁皇子
高市皇子
大津皇子
刑部親王
舎人親王
新田部親王
葛野王
藤原宮子
文武天皇
元正天皇
長屋王
淳仁天皇
塩焼王
道祖王
県犬養広刀自
聖武天皇
藤原光明子
高野新笠
光仁天皇(白壁王)
井上内親王
安積親王
不破内親王
孝謙天皇(称徳)
某王
桓武天皇
他戸王

原理のほうが優先されたのです。

七七〇年（宝亀元）八月、失意の称徳女帝は五三歳で亡くなり、同月に道鏡は下野国薬師寺に左遷され、二年後に亡くなりました。

## 「中継ぎ」の光仁天皇

称徳天皇の後、またまた、皇位を誰が受け継ぐのかという問題に戻ってきました。そして決まったのは、天智《てんじ》天皇の孫で、施基《しき》皇子の子であった白壁《しらかべ》王でした。皇太子に決まった時にすでに六二歳、政府の中での序列は四番目で大納言という地位にありました。王族とはいえ、老齢の官人であった彼がなぜ後継者に選ばれたのでしょうか。

白壁王が天智天皇の孫だから皇太子になったという理屈は全く考えられません。草壁《くさかべ》皇子以来の直系が途絶えたとはいえ、天武天皇の子孫が数多くいる中で、天智天皇の血筋に皇位が移るという選択肢はありません。だからこそ彼は、それまでの長い間一人の官人としての歩みを続けてきたわけです。考えられる唯一の理由は、白壁王の夫人の一人が井上《いのえ》内親王という人で、彼女が聖武天皇の娘だったから、ということです。さらに言えば、この二人の間に他戸《おさべ》王という男子がいたから、と言ったほうが正確です。つまり、白壁王が即位した後に、聖武天皇の孫にあたる他戸王が皇太子となり、やがて彼が即位すれば、何とか草壁系の血筋が受け継がれるという論理なのだと考えます。そうした意味では、白壁王（即位して光仁天皇《こうにん》）は男性でありながら、「中継ぎ」の天皇と言っても良いでしょう。朝廷の中で、そうしたことを画策したのは、藤原永手《ながて》（房前《ふささき》の子）や藤原百川《ももかわ》（宇合《うまかい》の子）たちでした。彼らは死の床にあった称徳天皇の遺言を偽作して意見をとおし、七七〇年八月に白壁王を皇太子につけ、同年一〇月に光仁即位を実現させたのです。そうして予定通り、一一月に井上内親王が皇后に、翌年正月には、他戸王が皇太子となりました。

## 3 「王朝の交替」

### 桓武天皇即位

他戸皇太子が実現した翌月、つまり七七一年（宝亀元）二月に、政府の首班であった左大臣の藤原永手が亡くなりました。このあたりから、皇位継承について右に述べた既定路線とは少し違った動きが出てくるように思います。

七七二年三月、突然、井上皇后が謀叛を企てて呪いをしているという事件が起こり、彼女は皇后をやめさせられてしまいました。さらに二ヵ月後の五月には、謀叛を企てた者の子を皇太子にとどめておくわけにはいかない、として他戸皇太子を廃して庶民身分に落とすという措置がとられました。そして、その半年後、光仁天皇の新しい後継者として皇太子に指名されたのが山部王《やまべ》（親王）でした。

山部王は、七三七年（天平九）の生まれ、つまり天然痘大流行のただ中に誕生したのですが、光仁天皇の男子の中では最年長で、皇太子になった時にはすでに三七歳の壮年でした。母の高野新笠《たかののにいがさ》は、もとは和《やまとの》新笠という名で、和氏は百済《くだら》王族の末裔《まつえい》と称する渡来系氏族ですが、血筋が特に高貴とは言えません。

そういう山部王を引っ張り出したのは、やはり藤原百川でした。『公卿補任《くぎょうぶにん》』という史料に引用された百川の伝記によれば、彼は、若い頃から山部王に注目してつき合いを深め、「いずれは……」と考えており、そこでまずは光仁天皇の即位に向けて画策し、さらに他戸皇太子の時に「しばしば奇計を出し」ついに他戸を廃して山部立太子に成功した、と書いてあります。百川が最初からそこまでの流れを予想してウラで動いていたとすれば、相当な策略家だったと言えそうです。細かい点の真相まではわかりませんが、少なくとも桓武《かんむ》天皇は百川に相当な恩義を感じていたようで、三〇年後に、百川の子・緒継《おつぐ》に対して「あなたの父がいなかったならば、私は天皇になることはできなかったのだ」と発言していることからも、百川の「活躍」があったことだけは確かです。

七八一年（天応元）四月、一二年間在位していた光仁天皇は、高齢と体調不良を理由に山部皇太子に譲位し、桓武天皇の即位となりました。

## 新王朝の自覚

桓武天皇には、自分の母親が皇族ではないというコンプレックスがありました。しかし一方では、光仁天皇の長男としての自覚もあり、それこそが天皇となった最大の根拠でした。また、桓武の立場から見ると、もはや聖武天皇とは何の繋《つな》がりもないと言えます。むしろ、自分は光仁天皇の子であり、父は天智天皇の孫である、つまり天智天皇の血筋を受けて即位したのだ、と考えました。光仁天皇より前の代々の天皇は、天武天皇、さらには草壁皇子の系統でしたが、その血筋は途絶え、今や新たな皇統に移ったのだ、という意識をもっていたようです。

中国の天命《てんめい》思想では、皇帝の信が失われると、天帝は災異を起こして皇帝に「警告」し、それでも治らない場合には、「革命」つまり天帝の「命《めい》を革《あらた》める」のです。つまり、別の者が皇帝となり、前王朝を打倒したことが、天帝の意思によるのだ、という論理が成り立ちます。日本では、聖武天皇のところで少し述べたように（三三頁）、「祥瑞」「災異」といった点で天命思想の一部を受け入れましたが、「革命」という点だけは容認できませんでした。なぜなら、日本の天皇は、「万世一系《ばんせいいっけい》」と言われ、天皇家という一つの血筋の者が連綿と天皇位を受け継ぐべきものだからです。しかし、この桓武天皇だけは、ひょっとしたら「革命」という考えに立ち、「天武系」から「天智系」に王朝が交替したという意識をもっていたのではないか、という説が有力なのです。

そうなると、もはや、天武直系の天皇の都である平城京に留まる必要性はない、と考えたとしても不自然ではありません。七八四年（延暦三）に長岡京に遷都し、事件や災害が頻発すると、一〇年後に、改めて平安京に遷るという決断をしました。

桓武天皇は、時代の転換を強く意識し、奈良時代的な制度を次々に改めていきました。極端な例を一つだけ挙げると、「国忌《こき》」という制度があります。これは天皇の命日に官人たちは仕事を休みにして（廃務《はいむ》と言います）、寺院に行って法事に参加する日なのですが、その対象として、光仁天皇の頃には天智・天武・持統・草壁・文武・元明・元正《げんしょう》・聖武・藤原宮子《みやこ》・光明皇后・称徳天皇の命日が指定されていました。その中でも特に重要なのは、九月九日で、これは天武天皇が亡くなった日です。奈良時代には、それらの国忌の日には宮廷儀式も行われなかったので、『続日本紀』にもほとんど記事がありません。つまり国忌を守って廃務しているからです。

ところが、桓武天皇が即位すると、国忌の無視が目立つようになります。その日に宮廷の行事を行ったという記事が増えてきて、官人は仕事に出てこなければならなくなりました。七八二年（延暦元）九月九日に、桓武が官人の人事異動の儀式を行ったのは、あえて天武天皇の国忌にぶつけたものと見られますが、奈良時代ではとうてい考えられません。

そしてついに七九一年（延暦一〇）には、国忌の全面的な見直しを宣言し、天智と聖武をのぞいた他の天皇の命日は国忌ではなくなりました（のち、聖武も八〇七年には国忌から除外されます）。かわって国忌に指定されたのは、光仁天皇・光仁の父母・桓武の母・桓武の皇后の五人でした。明らかに、自分に繋がる人々、つまりは天智・光仁系のみを尊崇せよ、という桓武天皇のメッセージなのです。

## 新たな課題

こうして奈良時代は終わりをつげ、平安時代がはじまりました。なお、奈良時代と平安時代の境目を、平城京から長岡京に遷った七八四年とすべきか、平安遷都の七九四年とすべきか、という質問を受けることがあります。ここまで述べてきたような考えに立てば、当然、前者が妥当だと思います。

奈良時代の天皇は、その血筋の正統性にこだわりすぎたこと、また正統とされた代々の男性は身体があまり頑丈ではなく、若くして亡くなる例が多かったことなどから、最後には「持ち駒」がなくなってしまった、という印象です。ところが、血筋が変わるとこうも違うのかと思えるのですが、桓武天皇はいたって健康で、沢山の子供をもうけました。確認できるだけで、男子が一六人、女子が一九人もいます。そしてさらに桓武の子で、のちに即位する嵯峨《さが》天皇となると、男子二三人、女子二七人の五〇人もの子ができました。まさに「精力絶倫」という感じです。

そうなると、奈良時代とはまた別の問題が起こってきました。二〇人前後の天皇の男子がいれば、今度は逆に皇位を受け継ぐ者をいかにして絞りこむか、という課題がでてきたのです。そこで考え出されたのが、親王宣下《しんのうせんげ》と臣籍降下《しんせきこうか》ということでした。

律令制度のもとでは、「親王」とは天皇の子供および兄弟のことと定まっていましたから、天皇の子として生まれた者は自動的に親王となったわけです。ところが、平安時代に入ると、天皇の子の中から何人かを選んで「親王にする」と宣言し（親王宣下）、その子たちだけが親王として残され、他は天皇の子であっても「良峯朝臣《よしみねあそん》」とか「源朝臣」といった姓をもらって、臣下の扱いをうける（臣籍降下）ようになったのです。つまり、親王となった者（ちなみに嵯峨天皇の男子のうち親王となったのは五人のみ）の中から次の皇位継承者を選ぶ、という形に変わりました。奈良時代とは隔世の感がありま す。

平安時代の中頃になると、藤原氏はますます政府の中で主要な地位を独占するようになりますが、摂関時代から院政時代を経て、平安時代末期になると、ようやく藤原氏の政権にかげりが見えはじめます。その頃に、藤原氏に対抗できる勢力として登場してきたのが、源氏・平氏といった臣籍に下った皇族たちの末裔だったのです。

# 第四講　日本の中心

## ――平城宮と大極殿――

復元された平城宮東院庭園

## 1　平城宮の内部

次は、奈良時代の都、平城宮《へいじょうきゅう》について説明しましょう。七一〇年（和銅三）～七八四年（延暦三）の首都・平城京の北端にある中枢部分が平城宮で、元明《げんめい》～桓武《かんむ》天皇の八代にわたる宮です。この平城宮跡については、五〇年以上もの長い間、発掘調査が行われ、これまで全域の約三分の一の調査を終え、おおよそ宮の様子がわかるようになってきました。これほどの広い面積が発掘された都は、日本はもとより東アジア全体を見渡しても他にありません。その発掘による成果と地下遺構がよく残っていることが平城宮跡の価値として認められて、一九九八年（平成一〇）に世界遺産にも登録されたのです。

### 宮の構造

平城宮に限らず、古代の宮の内部は基本的に次の三つの要素から成り立っています。

i 内裏《だいり》――これは天皇の住まいのことで、今で言えば皇居にあたります。天皇のほかに夫人たちが住み、それに従う官人（役人）たちが勤める建物もいくつかありました。

ii 朝堂院《ちょうどういん》――儀式や政務を行う場所で、今の国会議事堂ということになります。儀式・政務の時に官人たちが着座する「朝堂」が一二棟ほどあり、その堂に囲まれた庭の部分は「朝庭」と言い、

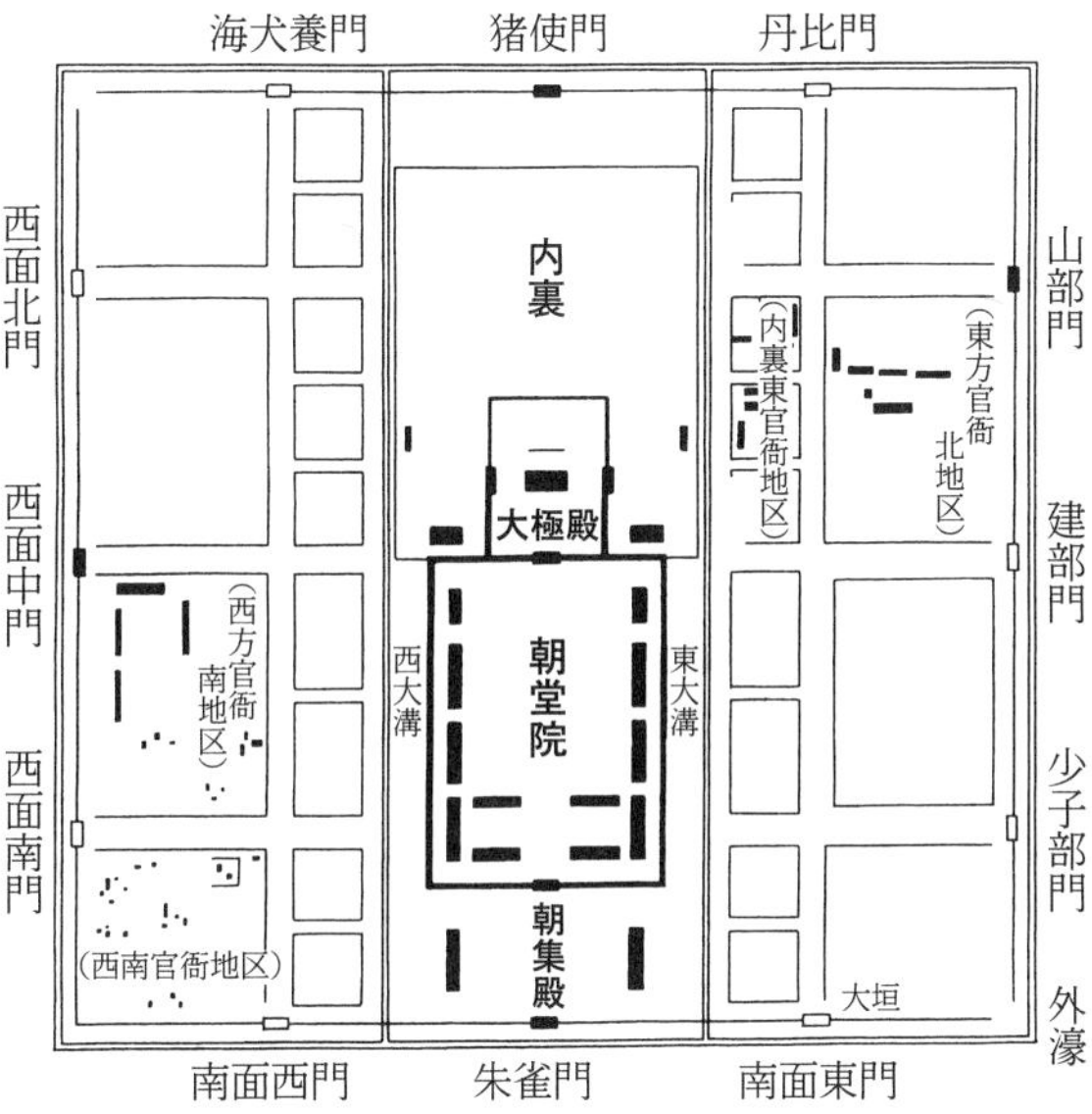


図15　藤原宮

そこに官人たちが立ち並ぶ儀式もありました。

iii 曹司《ぞうし》――官人たちが日常的に仕事をする役所のことで、「中務省《なかつかさ》」「治部《じぶ》省」「大膳職《だいぜんしき》」「主計寮」……といった多くの役所が宮の中に配置されていました。

朝堂院の北端にある正殿が「大極殿《だいごくでん》」です。

宮の内部がどのようになっていたのかを説明するために、ここでは平城宮の一つ前の藤原宮の図を示しました（図15）。藤原宮を例にしたのは、構造が単純でわかりやすいからです。

まず宮全体の形はほぼ正方形で、周りを築地《ついじ》塀《べい》で囲み、東西南北それぞれの面に三つずつ合計一二の門が設けられていました。

門には「丹比《たじひ》門」「建部《たけるべ》門」「海犬養《あまいぬかい》門」といった名前がついています（藤原宮では名称がわかっていない門もあり、それらは「西面中門」などと表記しています）。それぞれに対応する丹比（多治比）氏・建部氏・海犬養氏という氏があるように、氏名にちなんだ門号となっています。これは古い時代から天皇の護衛にあたり門の警護を担当してきた氏の名前だと考えられています。宮の正門は「朱雀《すざく》門」で、これだけは氏の名前とは関係ありませんが、この門には「大伴《おおとも》門」という別名がありました。大伴氏という氏が、古くは天皇の護衛を担当する各氏をまとめるリーダーだったのです。

さて、先に挙げた宮の三要素のうち特に重要なのはⅰの内裏とⅱの朝堂院で、藤原宮の図で見ると、この二つが宮の中央部に位置していることがわかります。内裏は、普通は二重構造になっていて、天皇の住まいを中心とする部分を内郭《ないかく》、その外側にある内裏付属の役所を含めた部分を外郭《がいかく》と言っています。藤原宮の内裏はいまだ調査されていないので、内郭の範囲は確定しませんが、外郭の範囲がちょうど宮の中央の北半分を占めています。

一方、ⅱの朝堂院は内裏外郭の南にあり、一二の朝堂とその南にある二棟の朝集殿《ちょうしゅうでん》もそれに含まれます。つまり、宮の中央が南北に二分され、北半分が「天皇の空間」、南半分が「臣下の空間」なのです。そして、二つの空間の間にあるのが「大極殿」です。大極殿については、あとで改めて取り上げますが、一言で言うならば、重要な儀式や政務の時に、天皇が着座する建物で、天皇はそこから南を向いて、朝堂院にいる官人たちに対面するわけです。したがって、大極殿は天皇の空間である内裏の一部でありながら、朝堂院の正殿でもある、という二つの面をもっていたのです。
ⅲの曹司は、藤原宮では中央部分を除いた、東側と西側に大小それぞれの規模で配置されていました。発掘調査によって、役所の規模や建物配置などはある程度わかるのですが、それぞれの場所が当時何という名前の役所だったかは、残念ながら判明していません。

## 築地塀と門

以上をふまえて、平城宮に話を戻します。平城宮は、平城京の北端中央に位置し、一辺一㌔の正方形の東側に東西二五〇㍍、南北七五〇㍍の張り出し部分があり、面積は合計一二四㌶を占めました（図16）。藤原宮は正方形、平安宮はやや南北が長い長方形ですが、平城宮だけは「出っ張り」のある変則的な形です。この点について、はじめは正方形につくられのちに東に一部拡大したのではないか、という考えも出されましたが、発掘の結果その説は否定され、初めからこのような形だったようです。その理由についてはよくわかりません。この東張り出し部分を東院《とういん》と称しています。ちなみに、平城宮の南に広がる街区である平城京の形も単純な長方形ではなく、やはり東に張り出していて、その部分は「外京《げきょう》」と呼んでいますが、これも遷都当初からのものです。

宮城の周りには幅が二・七㍍、高さ約五㍍と推定される築地塀がめぐり、大路に面したところに門が開きます。宮城門は通常、各面三門ずつ合計一二門あるのが普通だと言いましたが、平城宮の場合

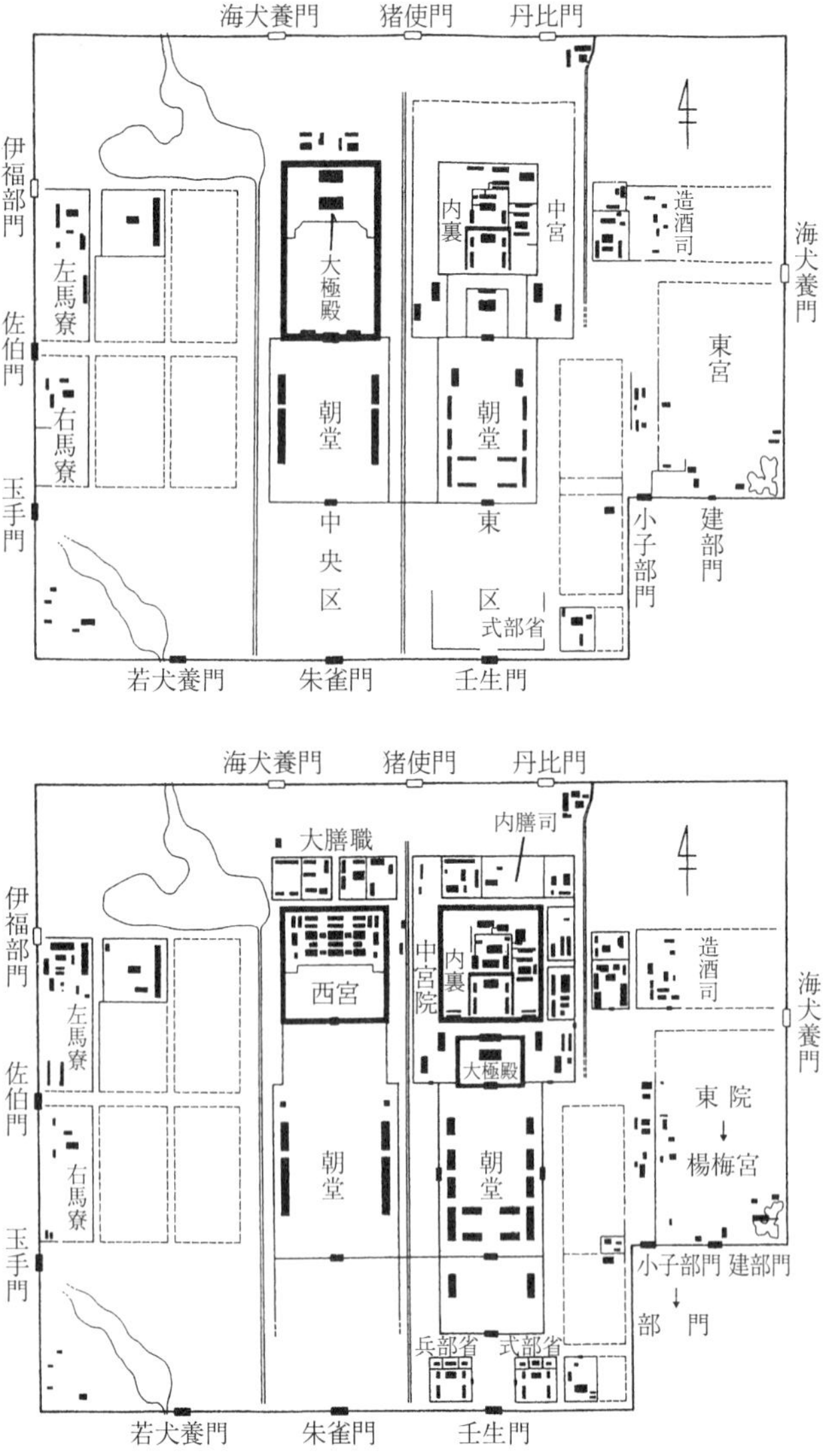


図 16　平城宮図（上：奈良時代前半，下：後半）

は東張り出し部をもつためかなり変則的です。

発掘で確認されたのは南面の東から壬生《みぶ》門、朱雀門、若犬養《わかいぬかい》門、西面の南から玉手《たまて》門、佐伯《さえき》門、および東張り出し部の南中央に開く建部門、入隅部の小子《ちいさこべ》門です（図の中で門を黒く表記したものは発掘で位置が確認されたもの、まだ発掘されていない推定の門は白く表記しています）。南面と西面が三門ずつなのは確実ですが、北面は朱雀門の対称位置には門が存在しないことが判明したため、北面大垣全体の中央とその左右に想定し、東面にはいくつの門があるのか不明ですが、かりに合計一二門ということが平城宮でも当てはまるとすれば、残るは一門だけなので、東辺の中央に想定しているということで、このあたりは今後発掘してみないとわかりません。

正門にあたる朱雀門は正面五間（二五㍍）×側面二間（一〇㍍）の規模で、この朱雀門と東隣の壬生門のみが重層（二階建て）で、他は単層（一階）と推定されます。朱雀門の建物は一九九八年、現地に復元されました。門の名称については、藤原宮に比べて、史料や木簡などの手がかりが多く残っているので、右図のようにほぼ推定することが可能です。こうした氏の名による門の名前は奈良時代まで続きますが、平安宮の時代になって、いっせいに変更されました。「もっと中国風の名前にしなさい」という命令が出たからです。そして決められたのが、たとえば西面では「玉手門」を「談天門」、「佐伯門」を「藻壁門」に、北面では「猪使門」を「偉鑑門」、「丹比門」を「達智門」にといった変更です。いかにも立派そうな漢字になりましたが、種を明かせば、これは「たまて」→「だんてん」、「さえき」→「そうへき」、「いかい」→「いかん」、「たじひ」→「たっち」という、たんなる語呂合わせだったのです。

## 内裏と朝堂院

次に天皇の住まいである内裏ですが、宮の中央やや東よりで、壬生門の北方に位置しています。一辺約一八〇㍍の正方形の内郭と、その外に一部の官衙（役所）を含む外郭からなります。内裏内郭が、天皇が普段生活しているところで、周囲は築地回廊で囲まれ、内部の建物はすべて掘立柱《ほったてばしら》、屋根は檜皮葺《ひわだぶ》きという様式で、内郭の南半にある正殿（後の紫宸殿《ししんでん》）は正面九間（二七㍍）×側面五間（一五㍍）という規模をもっていました。天皇の住まいが一八〇㍍四方というと、「それほど広くないなあ」という感じがするかもしれませんが、付属施設を除いた居住空間としてはこれで十分なのでしょう。

ここで、奈良時代の宮殿の建物について簡単に説明しておきます。基本的には、建物の柱の立て方が二通りあり、「掘立柱建物」と「礎石《そせき》建物」と言います（図17）。掘立柱建物とは、地面に深く穴を掘り、そこに直接柱を埋めて立て、周辺に土を入れて固める方法、礎石建物とは、少し浅く穴を掘り、人頭大の石をいくつか置いて（根石と言います）、その上に礎石という大きな石を据えて周囲を土で固め、柱はその礎石の上にのせる方法です。そうして、建物の上には屋根をのせることになりますが、屋根の葺き方は、檜皮葺き・板葺き・瓦葺きのおおよそ三通りになります。檜皮葺きというのは、檜

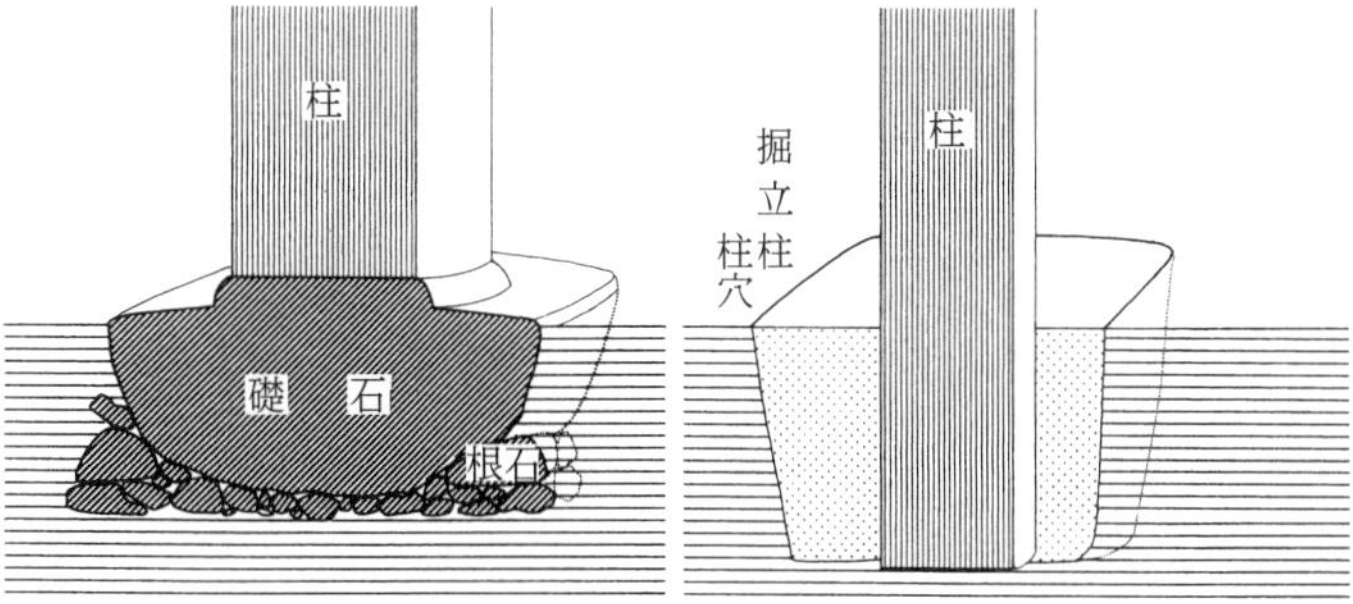

図 17　礎石建物（左）と掘立柱建物（右）

の皮を用いたもので、宮殿の建物としては最も一般的な葺き方でした。そして、掘立柱建物の場合には檜皮葺き、または板葺きとなり、礎石建物は瓦葺きとなります。礎石建物では相当の重量をかけて柱を安定させなければなりませんから、瓦の重さが必要となるわけです。

言葉のイメージとして、掘立柱建物というのは粗末で、礎石建物の方が立派だ、という感じがしませんか？　ところが、先ほど述べたように、天皇の住まいはすべて掘立柱建物なのです。それに対して、朝堂院などの建物は基本的に礎石建物となっています。これはどういうことでしょうか。

その答えとしては、掘立柱建物というのが日本古来の建て方であり、礎石建物は中国から伝わってきた新しい建て方、と見るのがわかりやすいのではないでしょうか。内裏は天皇の住まいだからこそ、あえて伝統的な掘立柱建物にしたのであって、決して臣下のすわる建物である朝堂よりも粗末ということはあり得ないと思います。もっと、わかりやすい例を挙げるならば、伊勢神宮や出雲大社などの神社建築はすべて掘立柱建物であり、一方、中国から伝わった寺院建築の方は礎石建物で瓦葺き、という違いが何よりもそれを物語っているでしょう。

大極殿・朝堂院は、藤原宮など他の宮では朱雀門の北で宮の中央に位置しますが、平城宮の場合、これに相当する殿舎群が二ヵ所にあります。一つは朱雀門の北（中央区）、もう一つは壬生門の北で内裏の南（東区）です。かつては、この二つを時期的な前後関係と考えて、中央区を第一次、東区を第二次の大極殿・朝堂院と称し、奈良時代の間に中央区から東区に移ったのだと考えられていましたが、近年の調査によって、二つの殿舎群は同時期に並存することが明らかとなりました。詳しく述べると混乱しそうですから、以下では簡単に説明しておきます。

中央区は、奈良時代前半には、正面九間（四四㍍）×側面四間（一九・五㍍）の大規模な礎石建物の大極殿と、その南に長大な南北棟の礎石建物四棟からなる朝堂があり、その大極殿は七四一年（天平一三）に恭仁《くに》宮へ移建されました。奈良時代後半になると中央区に四棟の朝堂は残りますが、北半は殿舎配置が大きく変化し、多くの建物が建ち並ぶ空間となり、もはや大極殿ではなくなります。一方、東区は、遷都当初は正面七間（三一㍍）×側面四間（一八㍍）の大きな掘立柱建物（大安殿《だいあんでん》）を中心とし、その南に十二堂よりなる掘立柱の朝堂がありましたが、七四五年（天平一七）の平城還都後、これらはすべて礎石建物に建て替えられて、奈良時代後半の大極殿・朝堂となりました。

こうした二つの地区の存在に関しては多くの議論があって確実なところはわからないのですが、少なくとも朝堂に関しては中央区の四堂と東区の十二堂が奈良時代を通じて並存すること、大極殿は前半は中央区に、後半は東区に求めるべきことは動かないと思います。

藤原宮では一つの大極殿・朝堂で、儀式・宴会・政務といったさまざまなことが行われていました。それを平城宮に宮を遷すことになった時に、中央区と東区の二ヵ所に機能をふり分けたのだと考えられます。つまり国家的な儀式や宴会は、中央区の礎石建物である大極殿＋四朝堂で行い、日常的な政務を行う場所は、東区の掘立柱建物の大安殿＋十二朝堂としたようです。ところが、聖武天皇が五年間の彷徨《ほうこう》を経て平城宮に戻ってきた時に、中央区は儀式の場所ではなくなり、一方の東区をすべて礎石建物に建て替えて大極殿＋十二朝堂とし、儀式・宴会も主にここで行うことにしたのでしょう。このことは、いわば藤原宮の形に逆戻りしたように思います。このあたりの詳しい事情については、なお今後の検討課題です。

## 曹司

内裏と朝堂院以外のスペースには二官八省一台五衛府と言われた各種の役所が配置されました。役所の数としては大小七〇ほどあったことになります（後掲の表6）。

問題はそれぞれの役所が平城宮のどこにあったのか、そしてそれをどのような方法で推定するか、ということになります。この問題を考えるための材料は三つあると言えます。一つは「平安宮大内裏《だいだいり》図《ず》」という絵図、二つ目は発掘した遺構、三つ目が出土した文字資料です。

「平安宮大内裏図」は平安宮内部を描いた平面図で、それによって各役所の位置がわかります（図18）。残念ながら平城宮については、このような図面は残っていません。しかし、役所の位置というのは、宮が移動するたびに無原則に変更されるというようなものではなく、前の宮での位置関係をある程度は受け継いでいると見られます。そこで、平城宮の役所跡を発掘する時には、平安宮の同じ場所に何という役所があったのかを「平安宮大内裏図」で予め確認してから調査を始めますし、発掘の結果、実際にそれが有効だった場合が何度かありました。

たとえば、式部省《しきぶ》と兵部省《ひょうぶ》という役所があります。式部省は文官の人事を扱い、兵部省は武官の人事を担当するのが主な仕事であり、いわば双子《ふたご》のような役所です。この二つの省は、「平安宮大内裏図」では八省院（朝堂院）のすぐ南に東西対称の位置に描かれています。平城宮の発掘でも、東区朝堂院の南に二つの役所が確認され、ともに一辺七五㍍四方の築地内に礎石建物が規則的に配置されていました（図16）。そこで、東にあるのが式部省、西が兵部省という推定が可能となります。

材料の二つ目、発掘した遺構というのは、他の役所とは異なった特徴のある遺構が発見され、それが特定の役所の仕事に密接に関わる場合があるということです。たとえば、造酒司《ぞうしゅし》という酒を造る役所跡では、他と比べて井戸が数多く見つかり、また内部に酒甕や水甕を多数据えおいた痕跡をもつ建物も確認されました。また、馬の管理を担当する左右馬寮《めりょう》の推定地では、馬をつないだと見られる細

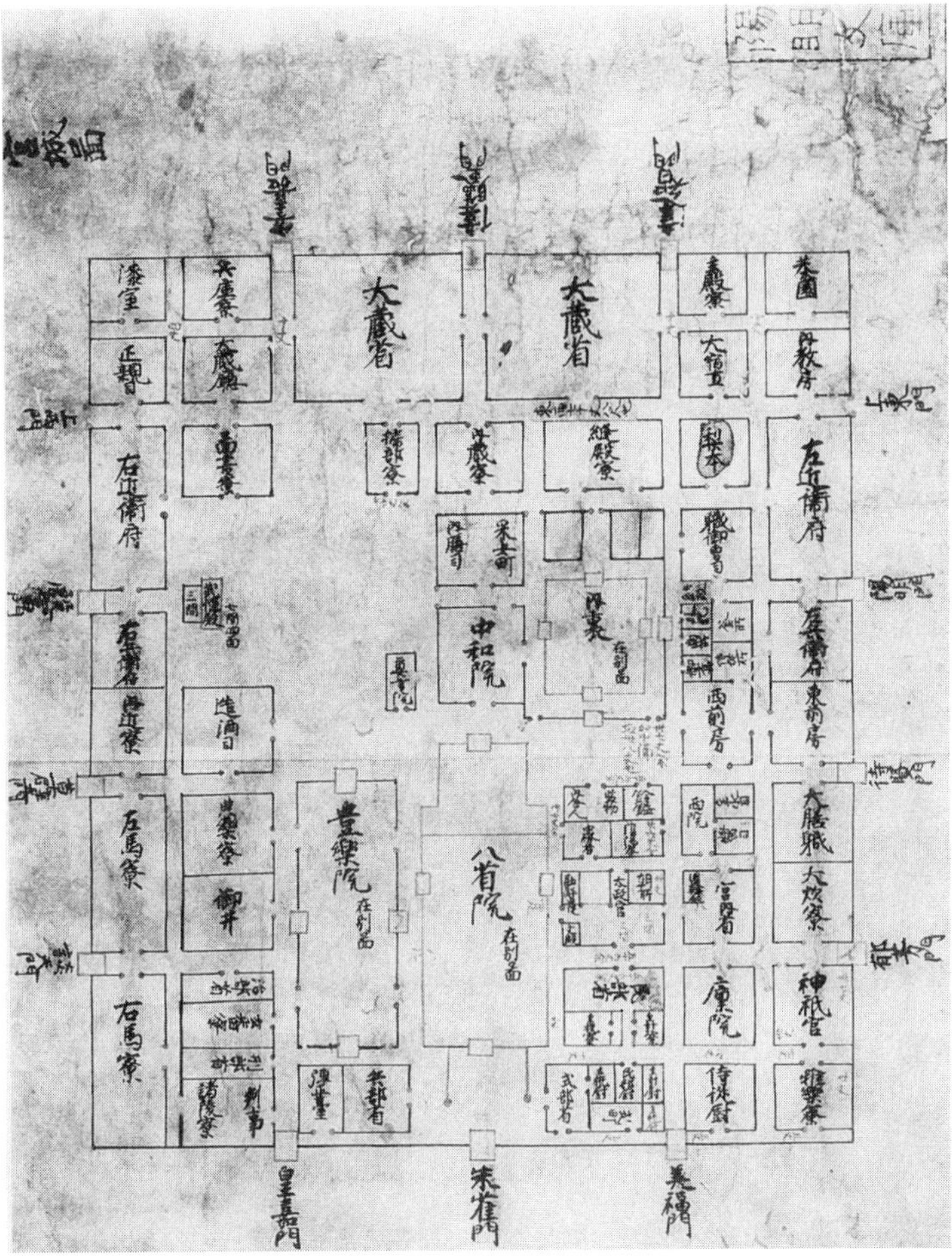


図 18　平安宮大内裏図（陽明文庫「宮城図」）

長い「馬房」の建物などが見つかっています。

　三つ目は、墨書土器や木簡などの出土です。先の兵部省と推定した場所から「兵部」、左右馬寮推定地からは「主馬」と書いた墨書土器などが出土し、直接的に役所名を示しています。また、式部省推定地からは、官人の勤務評定に使われた木簡が大量に出土したり、造酒司推定地からは「酒米」「赤米」といった酒の材料となる米にくくりつけられた荷札の木簡も出土しています。こうした文字資料が出土することによって、役所名の推定がより確実なものとなってくるのです。

　以上のような方法を併用することによって、これまでの調査で、太政官、神祇官、宮内省、式部省、兵部省、大膳職《だいぜんしき》、内膳司、造酒司、左右馬寮などの各官衙の位置が判明しました。

　東張り出し部分である東院の北半には造酒司などの官衙も見られますが、南半については、天皇が出御して儀式や宴会を行った場所と考えられます。釉薬《うわぐすり》を塗って焼き上げた緑釉《りょくゆう》瓦などが多く出土するのは『続日本紀《しょくにほんぎ》』神護景雲元年（七六七）四月条に見える「東院玉殿《ぎょくでん》の瑠璃瓦《るりかわら》」にあたると考えられますし、その東南隅には旧地形を生かした園池が発見され、石組の荒磯《あらいそ》や州浜《すはま》を表現しており、当時の庭園遺構として貴重です。

## 2　大極殿とは

二〇一〇年は、七一〇年の平城遷都からちょうど一三〇〇年目に当たっており、それを記念して平城宮跡を主な会場としてさまざまなイベントが行われました。それに合わせるように、平城宮の中心建物となる奈良時代前半の大極殿が、もともとの位置（中央区）に復元されました。ここからは大極殿の説明にうつります。

## 大極殿での儀式

まず、大極殿の「大極」（だいごく）という言葉ですが、中国では「太極」（たいきょく）とも書き、同じ意味です。その意味は、辞書によれば「宇宙の中心」とか「ものごとの根元」とあります。世の中のすべての物は「陰」と「陽」の二つの元素から成り立っている、などと言われますが、その陰陽の二つにわかれる前の根本が「大極」なのです。

その意味から派生して、いろいろな場面で「中心点」といった意味合いで用いられています。たとえば、天体観測をした時の星の中心が「大極星」で、これは北極星の別名です。これを地上の世界に当てはめると、皇帝が支配する国土の中心点となる場所が「大極殿」ということになり、中国のいくつかの王朝の都にこの建物の名前がつけられました。

そうしたことが元になって、日本の大極殿が成立したのです。つまり、日本という国土の首都として平城京があり、その主要部分を平城宮と言い、そして平城宮の中心となるのが大極殿なのです。いわば、大極殿は日本全体のヘソにあたる場所だと言えば、間違いありません。ですから、平城宮に限らず、いずれの宮でも、ほぼその中心に大極殿がつくられており、建物の規模も最大となります。

先に、大極殿は国家的な儀式の際に、天皇が座る建物だと述べました。奈良時代・平安時代の史料から、その国家的儀式を具体的に見てみましょう。大極殿が使われる儀式はいくつかありますが、最も重要なものは、即位式・元日朝賀《ちょうが》・蕃客朝拝《ばんきゃくちょうはい》の三つです。

「即位式」とは、天皇が交替した時に、新天皇が位についたことを官人たちに示す儀式で、これが最も重要なものと言えます。「元日朝賀」とは、毎年正月一日に、官人たちが天皇に年初のお祝いを申し上げる儀式です。三つ目の「蕃客朝拝」とは、外国からの使節が来日した時に、その使節が天皇に謁見する時の儀式を言います。このうち「元日朝賀」は一年一回の恒例行事で、ほかの二つは臨時に行われますが、これらはほぼ同じような式次第だったようです。そこで、最も詳しく内容がわかっている「元日朝賀」のあり方をまとめてみました（表2）。

この儀式で使われる主な場所は、大極殿とその前庭、それと朝堂院の庭ということになります。まず、前日に場所の設営が行われます（a〜c）。高御座《たかみくら》というのが、天皇が座る座席のことで、版位《へんい》というのは庭に置かれるもので、官人が立ち並ぶ時の目印となるマークのことです。

当日になると、まず関係者が所定の位置につきます（d〜j）。天皇は大極殿後殿を経て大極殿の高御座に着座し、いよいよ儀式がはじまります。そして、まずは皇太子が天皇に新年のお祝いを申し上

表2　元日朝賀儀の概略

【前日】

a　大極殿に高御座を設定する
b　幡や旗をたてる
c　大極殿前庭および朝庭に版位を置く

【当日】

d　百官が所定の位置につく
e　閤外の大臣が鼓を打ち、諸門の鼓がこれに応じる
f　天皇が輿に乗り、大極殿後殿に入り、皇后・侍従らが従う
g　閤内の大臣が鼓を打ち、諸門の鼓がこれに応じる
h　皇太子が大極殿前庭の幄に入り、群臣は朝庭の版位につく
i　皇太子が幄から出て大極殿前庭の版位につく
j　天皇が大極殿の高御座に出御し、皇后・侍従らが従う
k　大極殿下の鉦を打ち、炉に香をたく
l　皇太子、再拝し大極殿に上り北面して年賀の辞を述べ、のち版位に戻る
m　侍従、天皇の言葉をうけ大極殿を下り、前庭の詔使位から皇太子に詔を伝える
n　皇太子、再拝し幄に戻り、侍従も大極殿上の位に戻る
o　奏賀者と奏瑞者が朝庭の位を立ち、竜尾壇の東階から大極殿前庭に進み、版位につく
p　奏賀者と奏瑞者が版位から賀を述べ、朝庭の群臣も再拝す
q　天皇より勅が下される（子細は皇太子への詔 m と同じ）
r　勅を受けた奏賀者が竜尾壇を下り、朝庭の宣命位に立ち、群臣に宣す
s　群臣、再拝舞踏し、武官は万歳と称しながら旗を振る礼が終わり、鉦を打つ
t　天皇、大極殿後殿に退く
u　鼓が打たれ、諸門の鼓これに応じ、散会

げ、それに天皇が答えます（k〜n）。皇太子の動きは、幄《あく》（テント）を出て大極殿前庭の版位を経て、大極殿に上り年賀を述べ、その後、殿を下りて前庭に戻ります。天皇は直接コトバを返さず、侍従《じじゅう》を通じて前庭で皇太子に伝えます。

次に、官人の代表者がお祝いを述べ、天皇のコトバが伝えられる場面です（o〜s）。奏賀者《そうがしゃ》（年賀の言葉を奏上する者）と奏瑞者《そうずいしゃ》（祥瑞を報告する者）というのが官人の代表で、彼らは朝堂院の庭にあった版位から北へ進み、大極殿前庭の版位に立ち、その場所から殿上の天皇に新年のお祝いと祥瑞の報告を申し上げます。もちろん天皇の姿は直接は見えません。それに対して、天皇からのコトバは先ほどと同じく侍従を通じて伝えられ、それを聞いた官人代表は、そこから南の朝堂院の庭まで戻ってきて、大声で「天皇陛下は、新しい年の新しい月の新しい日にあたり、天地の神々とともに、万《よろず》の福がもたらされるように、と仰せられた！」といったことを叫びます。それを聴いた数千人もの官人全員が「おおーっ！」と答え、足を踏みならし、武官たちは「万歳！」と言いながらそれぞれがもっていた旗をふる、といった行動をとって喜びを表し、儀式が終わりました。その後は、場所を変えて、元日の宴会にうつりました。

おおよそ以上のようなことが元日には行われていました。儀式で使われる場所に注目すれば、大極殿を使う時には、その南の朝堂院もセットで使用されたこと、そして大極殿はあくまでも天皇だけの空間で、そこから南の朝堂・朝庭が臣下の空間、というようにきわめて厳密な区別があったのです。

したがって、大極殿には天皇しか入ることができないという原則があったと見られます（実際には大極殿には天皇の他に皇后や侍従が入りますが、皇后も侍従も、立場としては天皇の側の人と言えます）。

このように、大極殿こそが日本の中心点であり、いわば天皇を象徴する建物でもあったのです。

## 藤原宮で成立

宮の中で最も重要な建物が大極殿だとすると、それはいつ頃からできていたのでしょうか。

「宮」という言葉は、本来は天皇の居る所という意味ですから、事実かどうかは別として、『日本書紀』には神武天皇の時から「＊＊宮」という表現が見られます。これに対して「大極殿」という語句はずーっと時代が下り、六四五年六月の大化改新のクーデターの場面で初めて登場します。これは飛鳥板蓋宮《あすかいたぶきのみや》の時ということになります。次に天武《てんむ》天皇の飛鳥浄御原宮《きよみはらのみや》の「大極殿」が六八一年以後四ヵ所に見えており、以上の五例が『日本書紀』に見える「大極殿」のすべてです。『続日本紀』になると、文武天皇二年（六九八）を初めとしてしばしば「大極殿」が史料に登場するようになります。

以上の史料のうち、六四五年の例は飛び抜けて早い時期であり、以後しばらく見えなくなりますから、これは『日本書紀』の編纂者がそう表記しただけで、まだ飛鳥板蓋宮では大極殿は成立していないと考えられます。そうすると、次の天武天皇の飛鳥浄御原宮で成立したと言えるのでしょうか。

浄御原宮跡の発掘調査も進められていて、ほぼ正方形の形をした宮とその東南方にもう一つの区画があって、その東南郭（エビノコ郭）の中心となる大規模な建物（正殿）が確認され、これこそが浄御原宮の大極殿ではないか、という説が出されています。

しかし、私はその考えには難点があると考えています。第一に、天武天皇と持統《じとう》天皇は浄御原宮で

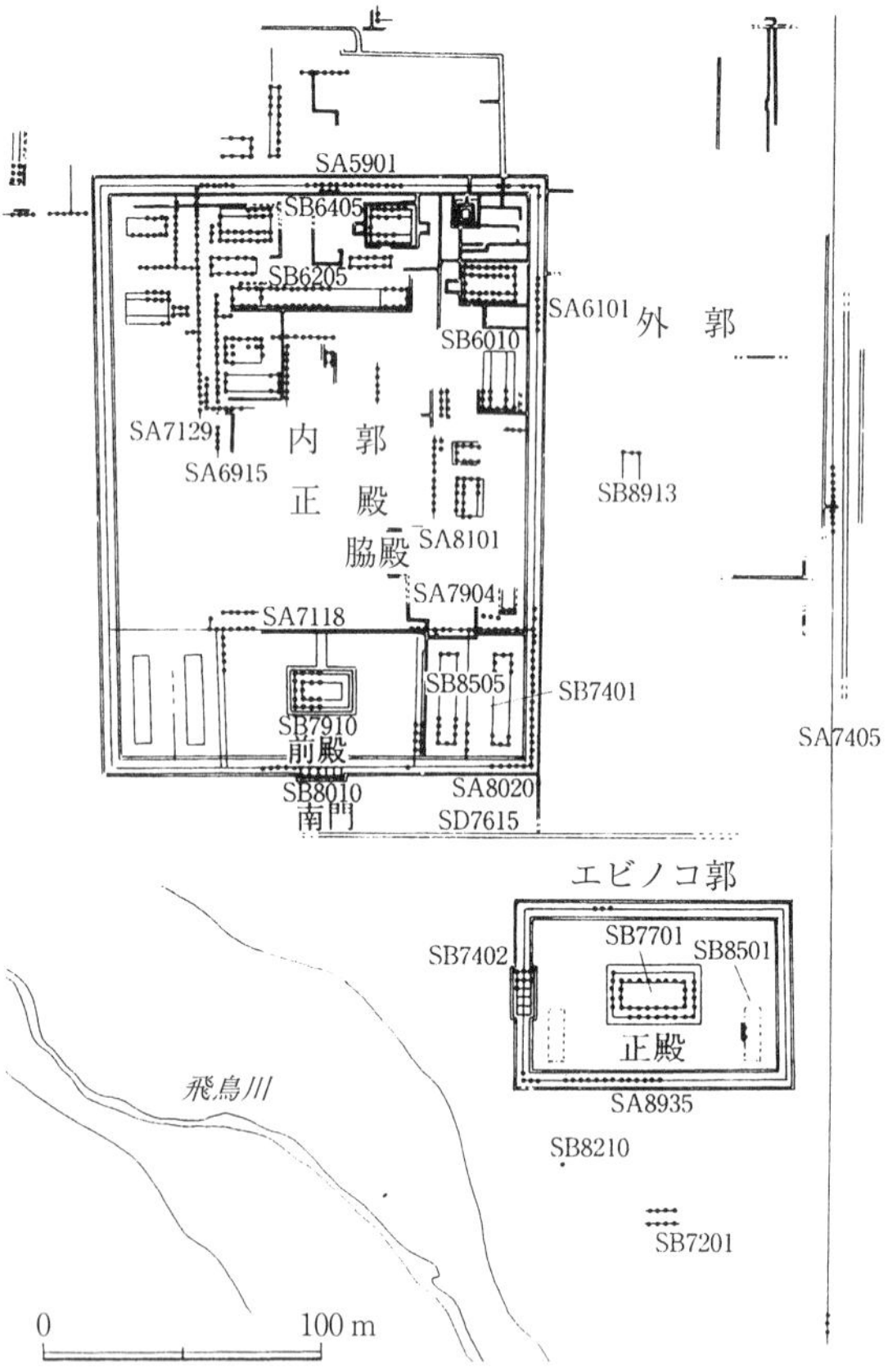


図19　飛鳥浄御原宮の遺構

即位しましたが、その即位式では「壇場」を設けて、そこで儀式を行っているとされ、後のように大極殿で即位したのではありません。天皇を象徴する建物が大極殿だとすると、その即位式はまさに最高の舞台ですから、浄御原宮に大極殿があれば必ずやそこで行われるはずだと思うのです。第二に、先に述べたように大極殿とはあくまでも天皇の空間であって、臣下は容易に出入りできる建物ではなかったと考えますが、『日本書紀』に見える浄御原宮の「大極殿」は臣下を「よび入れる」という使われ方があります。つまり、「大極殿」に匹敵する中心的な建物があったとしても、そこは必ずしも天皇の独占的空間になっていないのです。第三に、大極殿の儀式の場合には、その南には官人たちが立ち並ぶ広大な朝庭が必要ですが、浄御原宮跡の東南郭の南には飛鳥川が流れていて、そのスペースを確保することができません。第四に、藤原宮以降の大極殿はすべて礎石建物ですが、東南郭の大殿は規模は大きいものの掘立柱建物なのです。

以上のようなことから、私は大極殿が成立するためには、天皇と臣下との歴然とした関係が確立し、礎石建物の大極殿が天皇の「独占的空間」としての神聖な場となることが必要だと考えます。浄御原宮の東南郭の大殿は、大極殿の前身となる建物とは言えるでしょうが、当時において「大極殿」と称した可能性は低いと思っています。そうすると、確実には藤原宮からということになります。

藤原宮は六九四年から七一〇年の宮ですが、ちょうどこの頃に律令国家が完成し、宮廷の儀式が整い、天皇の権威が確立する時期なのです。したがって、私は日本における大極殿の成立は藤原宮からと見るのが妥当だと考えています。『日本書紀』は奈良時代初めにできた歴史書ですが、その頃の知識をもとに、事実よりも少しさかのぼらせて大化改新の頃から中心建物としての「大極殿」があったと書いたのだと思います。

## 3 大極殿の復元

### 平城宮大極殿の発掘

大極殿は、宮の中で最も重要な建物ですから、藤原宮はもとより、それ以後の宮でも最大の規模をもち、宮のほぼ中央につくられました。ところが、平城宮の場合、奈良時代前半と後半では、位置を変えていることは先に述べた通りです。そのうち、奈良時代後半の大極殿（東区大極殿）跡は、建物の基壇が高まりとして残っていたために、早くも明治時代の末頃には場所が判明しました。そのことを発見したのは、関野貞《せきのただし》という人です。

関野は、東京帝国大学の建築学科を卒業後、奈良県内の寺や神社に残る建築物の調査・保存・修理の担当者として一八九六年（明治二九）に奈良県に赴任しました。県内の建築調査に追われていた一八九九年一月、関野は奈良の郊外に散策に出ました。佐紀村《さきむら》のあたりはちょうど平城宮があった場所だと思いつつ見てみると、こんもりとした土壇状の高まりが目にとまりました。近くの農夫に聞けば、そこは「大黒《だいこく》の芝」と呼ばれていると言います。土壇の上に立って南を見れば、そこには平安宮と同じく十二堂の痕跡としての高まりが残っているではないか！　関野は自分が立っている「大黒の芝」が「大極殿」の場所であり、その南の十二堂が朝堂院にあたることを直感したのでした。そうして、彼はこのことを地元の新聞に紹介して保存を訴えるとともに、自身も平城宮の研究・平城京の研究・東アジア都城の研究へと分野を広げていき、多くの成果を残しました。

　こうした関野の研究をうけて、戦後になって発掘調査がはじまり、一九五五年（昭和三〇）に大極殿を囲む回廊の一角を掘りました。ところが発掘してみると、大極殿に葺かれたと見られる瓦の年代が奈良時代初めまではさかのぼらないことが明らかになってきました。そこで、関野が発見した大極殿・朝堂院は奈良時代後半のもので、前半には、その西隣で、朱雀門の北にあたる場所（中央区）にあったのだろう、と推定するにいたりました。

図20　関野貞

　そして、実際に中央区の大極殿の発掘が始まったのは一九六五年（昭和四〇）です。ところが、その場所は、後世に土地が平らに均《なら》されてしまっているために、高かったであろう大極殿の基壇がすべて削られ、柱がのっていた礎石や根石もすべてもち去られ、礎石のあった位置さえわかりませんでした。発掘でわかったのは、わずかに、大極殿の基壇の範囲とその階段の位置だけだったのです。つまり、建物基壇の周囲に掘りくぼめられた「雨落ち溝」と、その外側に敷かれた石敷きの一部が手がかりになったにすぎないのです。これでは、平面規模はおおよそわかっても、正確な柱位置などは不明というほかありません。

第二講で述べたように、聖武天皇は七四〇年に平城宮を離れ、その一二月に山背国《やましろ》の恭仁宮を都と定めました。その恭仁宮造営にあたって、中心建物である大極殿は、平城宮のそれを解体して移し建てたのです。『続日本紀』に「はじめて平城の大極殿ならびに歩廊《ほろう》を壊《こぼ》ちて恭仁宮に遷し造ること四年にして、ここにその功わずかにおわる」（天平一五年〈七四三〉一二月二六日条）とあります。そして、その恭仁宮大極殿は聖武天皇が平城宮に還った後は、場所を変えることなく山背国の国分寺の金堂となりました。

その山背国分寺金堂跡が、やはり土壇状の高まりとして残っていて、その場所の発掘調査が一九七六〜七七年に実施されました。そうしたところ国分寺金堂跡の基壇が平城宮大極殿よりも残りが良かったために、何ヵ所かの礎石の位置がわかったのです。礎石そのものは巨大なものでもとの位置にはありませんが、礎石の下に据えた根石が密集する場所が柱位置を示しました。結局、山背国分寺金堂の建物規模は正面九間（四四㍍）、側面四間（一九・五㍍）となり、これが移建される前の平城宮大極殿の建物規模をも示すことになるわけです。つまり、発掘で判明した平城宮大極殿の基壇の上に山背国分寺金堂の建物をのせると、ちょうどふさわしいことになります。

以上の成果を前提として、建物の上部構造を復元図に書き、それにしたがって実際の建物を復元してゆくこととなりました。

## 復元のデータ

私は古代建築の専門家ではないので詳しいことはわかりませんが、建物の復元というのは、すべての部品にいたるまでデータをつきあわせてつくり上げないといけない、気の遠くなるような作業であることは間違いありません。特に、建築家が自由に設計するのとは違い、奈良時代の建物として不自然ではない形にするのが至難の業だったと思います。建築史の専門家同士の意見の違いもあるでしょうから。

どのようにして建物の細部を決めるかということを簡単に説明しましょう。一番の手がかりは、現在まで残っている奈良時代の建物を参考にすることです。それは具体的には何でしょうか？

法隆寺は確かに古いのですが、金堂や五重塔などは飛鳥時代にさかのぼるため、少々古すぎます。興福寺は？　これは奈良時代以来の寺ですが、建物は何度か火災で焼けていて、奈良時代当時のものは残っていません。そうなると、奈良時代の建物で現在も残っているものとして、塔では薬師寺東塔、門は東大寺転害《てがい》門、金堂としては唐招提寺金堂などが参考となるのです。たとえば、復元された大極殿の柱の上の屋根を支える部分を見ると、組物《くみもの》という複雑な構造になっていますが、それを薬師寺東塔と比べて見ると、それを参考にしたことが一目瞭然です。

そうした細部の検討が一つずつ進められて復元図がしだいに作成されていったのですが、ここに大きな問題点がありました。それは、大極殿の屋根をどういう形にするか、ということです。屋根の形として代表的なものは、①切妻造《きりづまづく》り、②寄棟《よせむね》造り、③入母屋《いりもや》造りの三種類ありますが、このうち①は大極殿のような奥行きのある重要な建物には使われませんから、②か③かという選択になります。屋根の形が違えば、見た目も大きく異なりますから、復元する上では最大の課題となりました。

さまざまな議論の末、③の入母屋造りの屋根で復元することに決まったのですが、その根拠の一つは、平安宮の大極殿を描いた『年中行事絵巻《ねんちゅうぎょうじえまき》』でした。これは宮中の儀式を描いた平安時代末期の絵巻物ですが、その中にほんの一部分だけ大極殿の屋根が描かれていて、それがどうも入母屋造りのようなのです（図21）。絵巻が事実を忠実に伝えているとすれば、平安時代後期の大極殿は入母屋だったらしい、その屋根の構造が平城宮の大極殿と同じであったと仮定すれば、平城宮のそれも入母屋の可能性が高い、ということです。しかし、これは根拠としては絶対とは言えず、逆に②の寄棟造りも十分にありうるという意見もあったようで、二つの復元図を作成し、総合的に検討した結果、現在の形に決定したようです（図22）。

学問的に一つの結論が得られるまでには、詳細な分析、根拠の検証、研究者間の議論があるのだ、という例として紹介してみました。

図 21　年中行事絵巻　　　　　　（この部分が大極殿の切妻屋根↑）

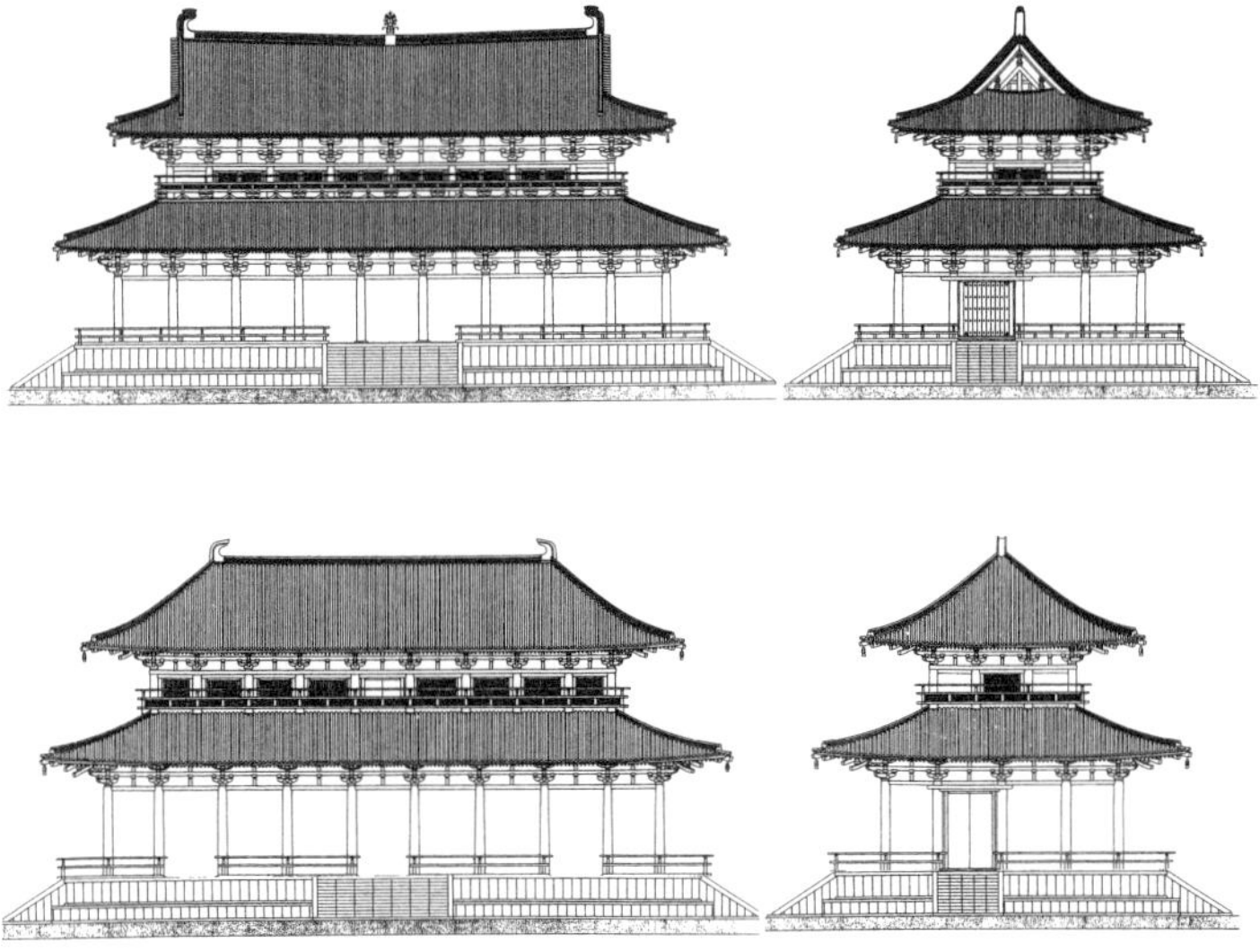

図 22　入母屋造（上）と寄棟造（下）の大極殿復元案

## 藤原宮大極殿との関係

ここまで、ⅰ日本における大極殿の成立は藤原宮からであること、ⅱ平城宮に復元された大極殿は奈良時代前半のもので、それが恭仁宮大極殿として移建されたこと、などを述べてきました。それではⅰとⅱの大極殿の関係はどうなるのでしょうか。

藤原宮跡の発掘調査は、平城宮跡よりも早く、一九三四年（昭和九）に始まっています。それから戦争によって中断するまでの一〇年間、調査は藤原宮の中心部分である大極殿・朝堂院に重点が置かれて進められ、おおよそ図23のような建物配置であったことがわかっています。それによれば、大極殿の規模は正面七間（三四㍍）、側面四間（一八㍍）となっています。

当時の発掘方法は、今とは少し違っていました。現在では、調査対象となる部分全体を「面」として広く掘り下げていって、その中で建物の痕跡や柱位置を探してゆくわけですが、戦前ではさまざまな制約から、一つの柱穴が見つかると、そこから周辺の距離を測り、別の柱の位置を予想し、そこをポイントで掘り下げて柱穴を探すという方法でした。大極殿は礎石建物ですから、礎石の下に据えられた根石があるかどうかで柱位置を推定したわけです。

ところが、戦後になって藤原宮跡の発掘調査が再開され、調査が進んでくると、大極殿の規模がもう一回り大きいのではないか、と考えられるようになり、戦前の図面を改めて検討したところ、正面が従来より二間分長く九間に修正すべきことが明らかになってきました。この九間×四間という規模は平城宮、そして恭仁宮大極殿と同じになり、柱の位置も全く同じと考えて不都合がないことになります。そこで、藤原宮の大極殿が平城宮に移建され、さらにそれが恭仁宮へと二度の移建がなされた可能性が指摘されました。この推定は、私も妥当ではないかと考えます。

右のことに関連して、『続日本紀』から、平城遷都前後に大極殿が使われた例を順に拾ってみると、次のようになります。

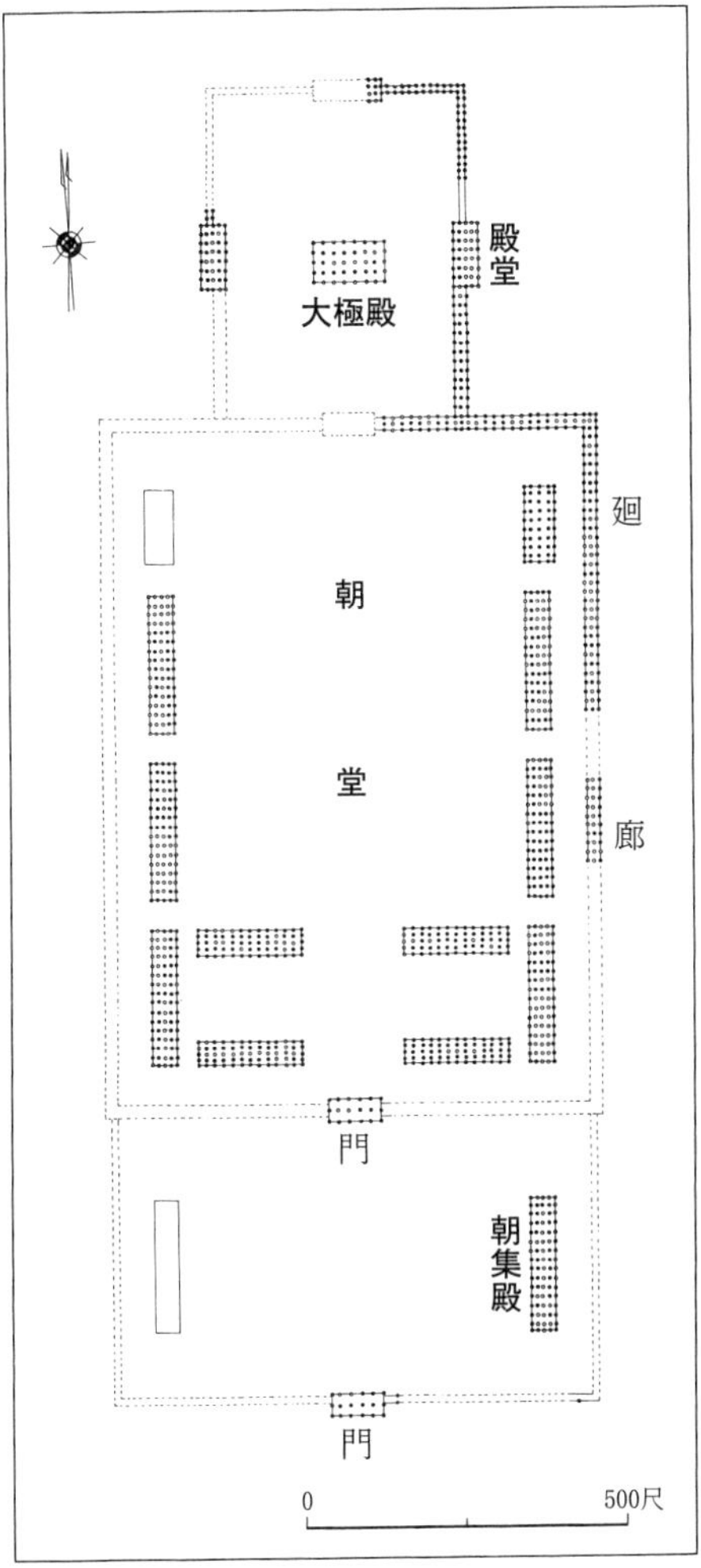


図23　朝堂院平面図

a　慶雲四年（七〇七）七月一七日、元明天皇即位式

b　和銅三年（七一〇）正月一日、元日朝賀

c　霊亀元年（七一五）正月一日、元日朝賀

d　霊亀元年九月二日、元正天皇即位式

aは藤原宮大極殿で元明天皇が即位し、dは平城宮大極殿で元正天皇が即位したことは間違いありません。問題はbで、この時の大極殿がどちらの宮のものかで意見がわかれます。平城遷都が宣言されるのがこの年の三月一〇日ですから、bはその前だから藤原宮の大極殿だと考える説と、すでに平城宮の建物の多くはできあがっており、元明天皇も前年の一二月に平城宮に出かけ、その後藤原宮に戻ったという記事がないことから、天皇はそのまま居続け、bは平城宮大極殿で行ったのだ、という説があります。

私は前者の説、つまりbは藤原宮大極殿だと考えます。最大の理由は、近年の発掘で平城宮大極殿地区の下層の造成土から「和銅三年」と書いた木簡が出土したことです。この木簡によって、七一〇年の時点では平城宮大極殿の一帯は造成中であり、建物はまだ建っていないと判断されるからです。したがって、同年正月に藤原宮大極殿で最後の元日朝賀を行ったあと、ほどなく解体作業に入り、遅くともcより前には、移築が完了していたと見るのが最も妥当な解釈だと思います。

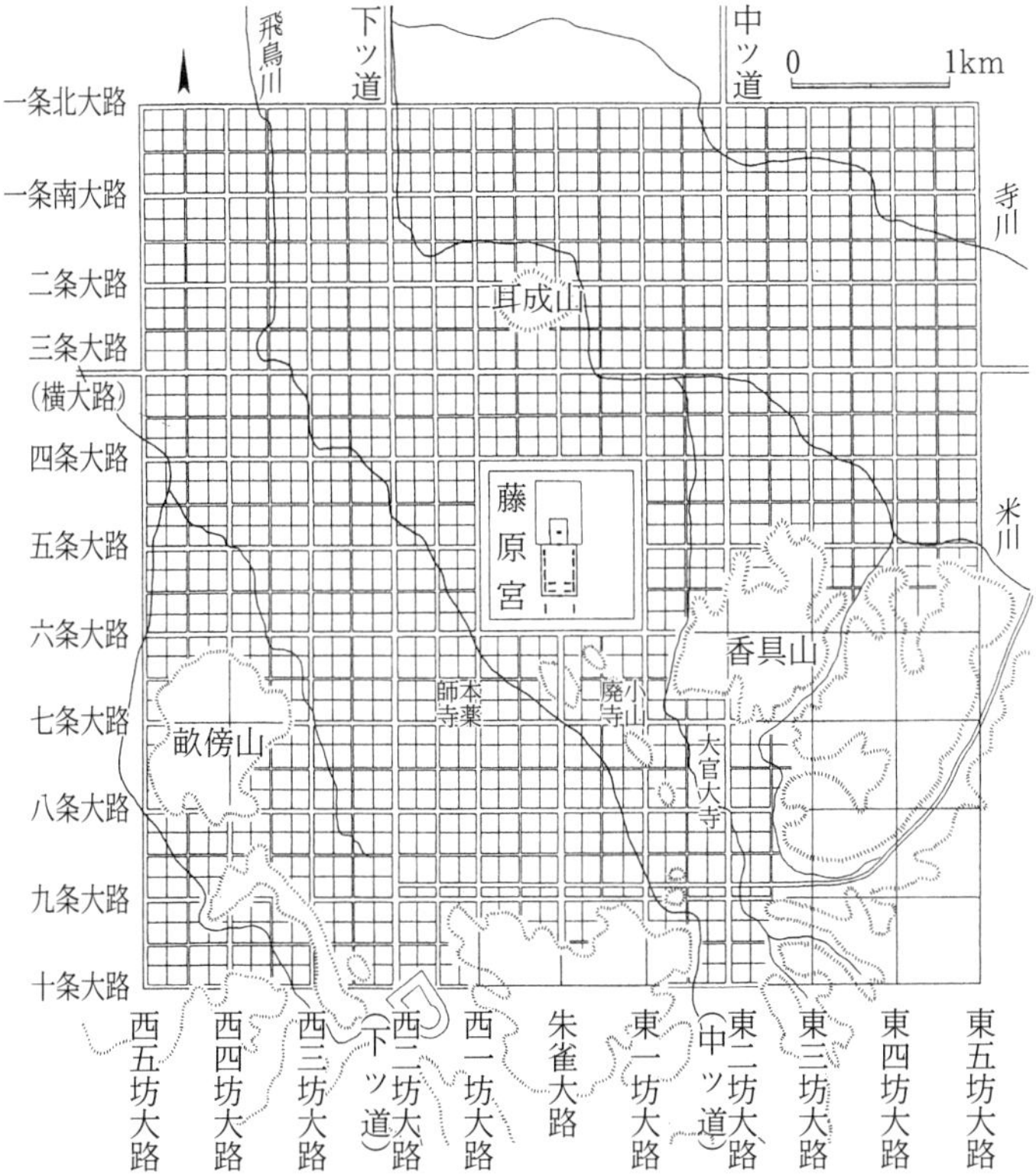
飛鳥川
下ツ道
中ツ道
0
1km
一条北大路
一条南大路
二条大路
三条大路
(横大路)
四条大路
五条大路
六条大路
七条大路
八条大路
九条大路
十条大路
寺川
米川
耳成山
藤原宮
香具山
畝傍山
本薬師寺
廃寺
小山
大官大寺
西五坊大路
西四坊大路
西三坊大路
(下ツ道)
西二坊大路
西一坊大路
朱雀大路
東一坊大路
(中ツ道)
東二坊大路
東三坊大路
東四坊大路
東五坊大路

図 24　藤原京復元図

## 唐・含元殿との関係

二〇一〇年に復元された平城宮前半の大極殿が、じつは藤原宮の「お古」だったというと、ちょっとがっかりされるかもしれません。しかし、それは建物を移建しただけであって、大極殿周辺の様相は大きく変化した、という話をこの節の最後にしましょう。

七〇二年（大宝二）に派遣された粟田真人《あわたのまひと》を筆頭とする遣唐使が、さまざまな点で大きな意義をもつものであったという話は、他の講（第一・第九講）でもしましたが、そのポイントの一つとして、この時に久しぶりに派遣された使者たちが、唐の長安城《ちょうあんじょう》に到着し、その都の姿を目《ま》の当たりにしたことが、その後の日本の都城を考える上でも大きな意味をもったことを指摘できます。

日本で最初につくられた本格的な都城が藤原京で、それに続くのが平城京ですが、この二つの都にはいくつかの違いがありました。その一つとしてたとえば、藤原京の真ん中に藤原宮が位置するのに対して、平城宮は平城京の北端にある、といった違いはわかりやすい点でしょう。そして、平城京をつくる段階で変更した点の多くは、中国の都城の歴史の中で、唐の長安城が新しく始めたことと一致するのです。なぜ、そうした現象が起こったかといえば、次のように考えられます。

藤原京という立派な都をつくりあげて、意気揚々と中国を訪れた遣唐使は、最新の都・長安城を見て、少なからずショックを受けたのではないかと思います。「規模の大小ははじめから予想していたが、中身が違う！」「我々がようやく完成した藤原京は、どうも古い型であって、長安城はもっと進んでいる！」といった感想をもったのではないでしょうか。そして、その一番の違いとして、「長安城は皇帝と臣下との関係が都の形に大きく反映している、これこそが帝国の都のあるべき姿ではないか」と考えた――などと想像するのです。

中国では「天子、南面す」という考え方が古くからあって、方角についての意識が非常に強いのです。「天子南面」とは、皇帝（天子）が臣下に応対する時は南を向くということで、逆に「北面する」ということは臣下の礼をとる、という意味になります。聖武天皇が「北面」して大仏を拝んだことを思い出してください（第二講、四五頁）。こうした考えを徹底させて都づくりにも生かせば、都は北が高く南が低い所に立地するのが良い、その都の北端に宮をつくり、宮の中でも皇帝の居場所は最も高い所で、そこから南面するのが理想的、ということになります。それが長安城の立地であり造営方針でした。

藤原京・藤原宮の場所は平坦でやや南が高いという立地であるのに対し、平城京は奈良盆地の北端にあって北が高く南に傾斜しています。その京の北端に平城宮を置くのはまさにぴったりの場所と言って良いでしょう。

そして宮の中の最も中心となる建物の大極殿は、長安城で言えば大明宮《だいめいきゅう》の含元殿《がんげんでん》にあたります。遣唐使の粟田真人は、含元殿の南から皇帝に謁見《えっけん》したはずですが、その含元殿は、地形的に高い場所にあるだけではなく、建物の基壇《きだん》を高くつくりあげ、その南側には一五㍍もの大きな段差を設けていま

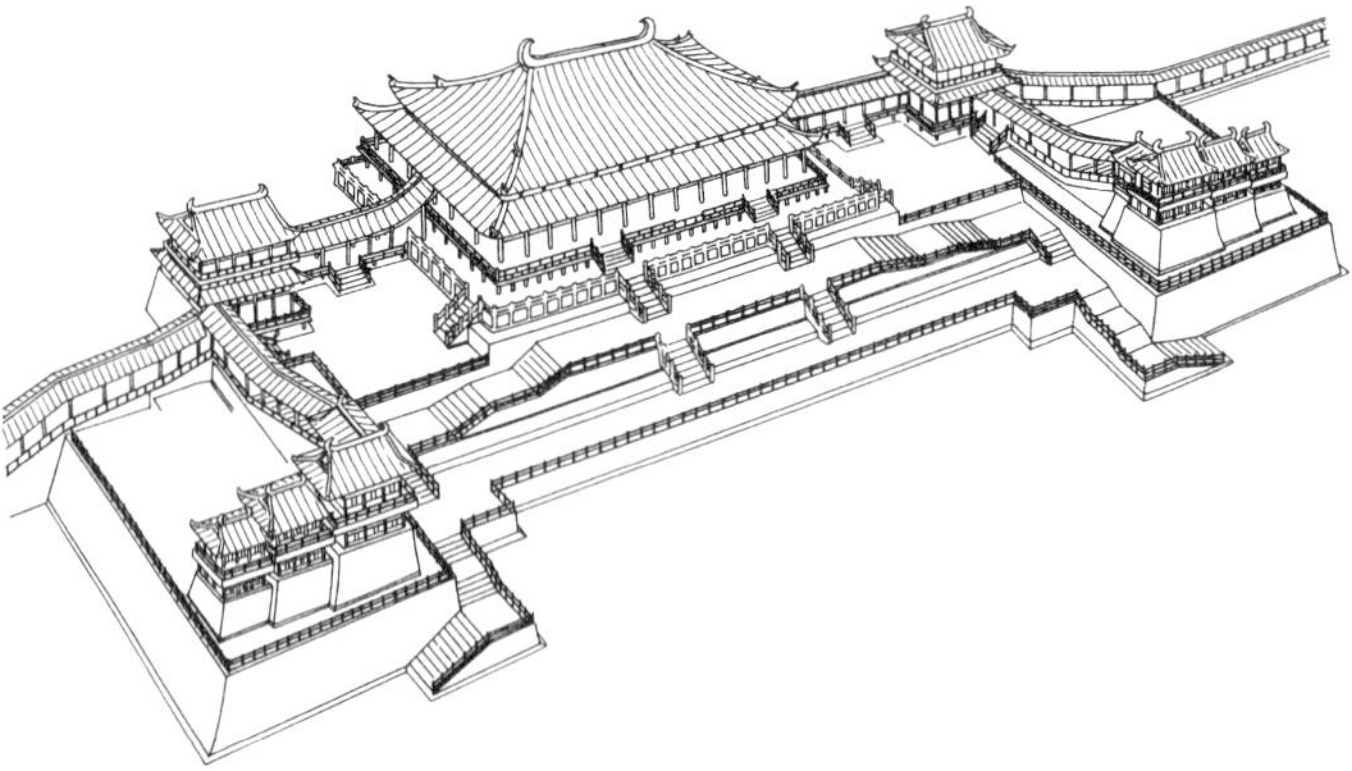

図 25　大明宮含元殿復元図

した（図25）。したがって、臣下たちが含元殿の南に立つと、目の前に高い壁のような段差があり、その上に巨大な建物がそびえ、そこに着座しているであろう皇帝をはるかに仰ぎ見て「北面」したはずです。この皇帝と臣下との大きな格差こそが古代国家を象徴するものだったのです。

粟田真人の一行が日本に戻ってほどなくして、遷都のことが朝廷で議論されるようになり、やがて平城遷都が決定しました。その造営工事に着手する段階で、彼らの見た長安城の情報が大きく取り入れられたことは間違いありません。

そして平城宮大極殿です。その立つ場所は平城宮でも北寄りの高い所が選ばれました。なおかつ土地の造成を行い、大極殿の所に高く土盛りし、その南には大きな段差を設けました。こうした段差はこれまでの日本には見られなかったものであり、また、奈良時代後半以降になると解消されていくので、この時のみの特異な造成と言えます。したがって、建物自体は藤原宮からの移築とはいえ、平城宮遷都当初の大極殿だけは、高い位置に着座する天皇を、臣下が南から見上げていたわけです。もっとも、唐・含元殿の前の段差が一五㍍であるのに対し、日本のそれは三㍍弱ですから、規模の違いは歴然としていますが……。

私は、平城宮大極殿が復元されるにあたって、この段差が目に見える形につくって欲しいなあと思っていたのですが、実際には、ほんの数十㌢程度のわずかな「傾斜」になってしまいました。安全上の理由、経済的理由その他やむを得ない事情があったのかもしれませんが、ちょっと残念でした。

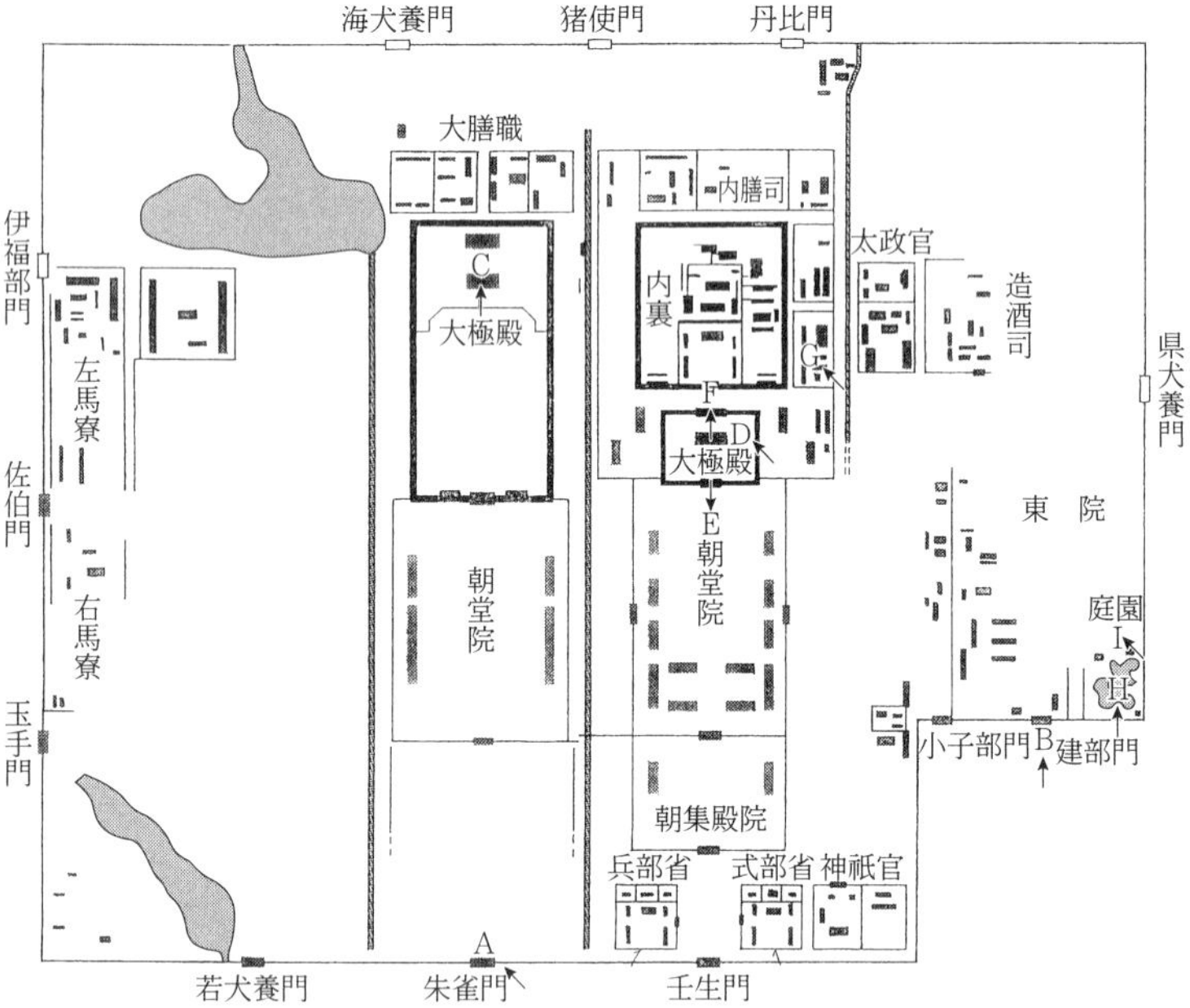

海犬養門
猪使門
丹比門
大膳職
内膳司
伊福部門
C
大極殿
内裏
太政官
造酒司
県犬養門
左馬寮
G
F
D
大極殿
佐伯門
E
朝堂院
東院
朝堂院
右馬寮
庭園
I
H
玉手門
小子部門
B
建部門
朝集殿院
兵部省
式部省
神祇官
A
若犬養門
朱雀門
壬生門

A　**朱雀門**　1998 年に復元．礎石建物，瓦葺き，重層で屋根は入母屋造り．平城宮の正門で，朱雀大路と二条大路に面しており，門前は大きな広場となっていた．

B　**単層の門**　朱雀門とその東の壬生門は重層の門だが，他の宮城門は単層だった．写真は，東院の南門（建部門）として復元されたもの．

C　**中央区大極殿**　2010 年に復元された奈良時代前半の大極殿．平城宮跡の中心建物として多くの人々が訪れている．

**D　東区大極殿の跡**　745年に都が平城宮に戻って以後，内裏の南につくられた奈良時代後半の大極殿跡．現在は建物の基壇と礎石が表示されている．東南からの写真で，遠くに中央区大極殿が見える．

**E　東区大極殿から南を見る**　中央に見えるのが大極殿南門の基壇で，その後方が東区朝堂院の朝廷となる．大極殿南門北の発掘では，儀式の時に立てられた7本の旗竿の跡が発見されたが，手前に見える柱はその位置を示す．旗竿の高さは9メートルもあったらしい．

**F　東区大極殿から北を見る**　手前が大極殿後殿の基壇と礎石の復元で，階段から後方が内裏となる．内裏はみな掘立柱建物で，その柱位置には柘植を植えて示している．遠方の丘が「平城天皇陵」で，その手前が平城宮の北限となる．

**G　掘立柱建物の復元**　内裏の東にあった宮内省の建物を復元したもの．地面に直に柱を立てて床は漆喰を塗ってある．屋根は切り妻造りで，檜皮葺き．神社の建物が20年で建て替えられるのは掘立柱建物の耐用年数によるという説があるが，写真の復元建物は1970年に立てられ，40年以上も経った今でもビクともしない．

**H　東院庭園の復元**　発掘された遺構をもとに，池とそこにせり出した建物が復元された．天皇以下官人たちが集まって宴を開いた場所で，奈良時代の庭園の典型となる．

**I　東院庭園の石組み**　池の北端付近で発見された石組み．発掘当時と全く同じ状態で復元された．

# 第五講　支配のしくみ

——律令国家という時代——

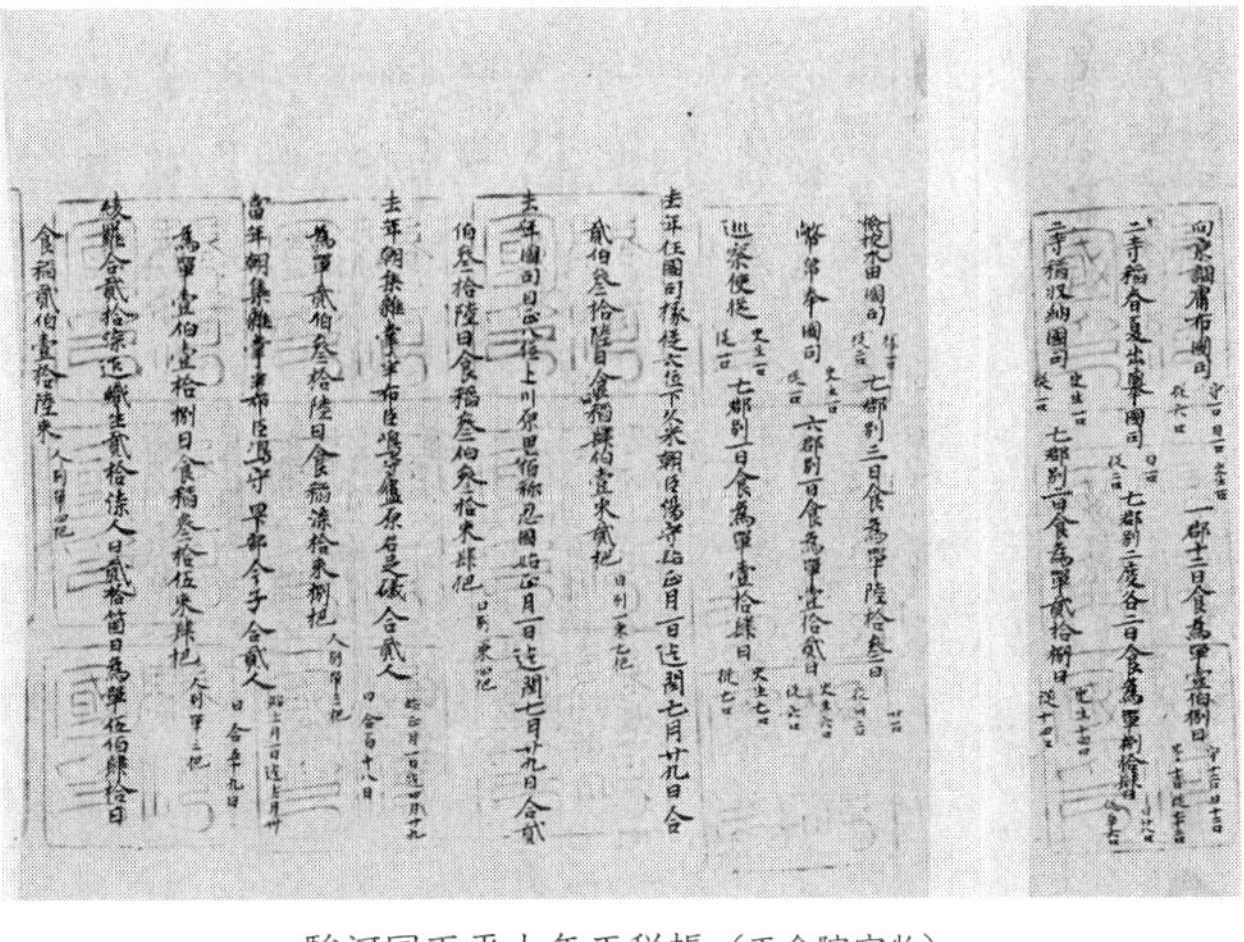

駿河国天平十年正税帳（正倉院宝物）

# 1　律令国家の成立

## 律令国家とは

日本古代の中でも、おもに奈良時代から平安時代前期までの国家を指す言葉として「律令国家」という表現が使われます。律令とは改めて言うまでもなく国家の基本的な法令のことであって、日本の古代にまとめられた四種類の法令集「律・令・格・式」のうちの二つを指します。辞書によれば、「律」とは「刑罰について定めた法」、「令」とは「律以外の行政法」、「格《きゃく》」とは「律令の修正・補足の法」、「式」とは「律令格の施行細則」などと説明されています。私の説明はもっと単純で、現代の法にたとえて「律」は刑法、「令」は憲法、「格」は現行法令集、「式」は役所ごとのマニュアル、と言っています。

四つの中では律と令が最も基本であり、その律令に基づいてつくられた国家を「律令国家」と言うわけです。律も令も中国に先例があり、日本古代の人々は、隋や唐といった中国王朝の律令を学びながら一部を日本の実情に合わせてアレンジし、法令集としてまとめました。ところが、その本家の中国史の分野では「律令国家」などという呼び方はしません。この語句は、日本史の研究者が、奈良〜平安時代前期の日本を指す言葉として使っているだけなのです。

中国では、道徳や礼楽といった儒教の考え方が早くから広まっていて、その「礼」の秩序というものが社会の基礎にあり、それに加えて紀元前四世紀頃の戦国時代から「律」ができ、さらに紀元後三世紀頃には「令」ができるというように徐々に成立してきました。その後は、王朝が交替するたびに律令を制定するようになり、それは各王朝の基本理念のようなものとして清王朝つまり二〇世紀初頭にまで及びました。したがって中国では「律令」は特定の時代を指すような限定されたものではないのです。

一方、日本の律令は、具体的な名称で言えば、六八九年完成の飛鳥浄御原令《あすかきよみはらりょう》、七〇一年の大宝律令、七一八年の養老律令（施行されたのは七五七年から）の三つだけです。飛鳥浄御原令より前に近江令《おうみりょう》というものがあったという学説もありますが、確かではありませんし、飛鳥浄御原令とセットになる律は完成しなかったようです。また、養老律令以後も、新しい律令を作ろうという動きはありましたが、これも完成にはいたりませんでした。

そうなると、日本では七世紀末から八世紀初めにかけて集中的に律令が編纂され、それに基づいて国家をつくりあげたのですが、それ以降は格・式は作ったものの、律令が新たにまとめられることはなくなりました。したがって、実際にどの程度の意味をもっていたのかを別にすれば、養老律令はその後ながくは明治維新まで公家の世界で生き続けたのです。

以上をまとめると、「律令国家」とは、日本において七世紀後半～八世紀初めに完成した国家のことで、それは律令という法令に基づいて、急速につくりあげられた国家であり、その枠組みは以後長く続くことになるものの、実態としては、おおよそ平安時代前期頃までの一〇〇年あまりの間の国家形態で、それ以降は国家のありかたも変化してゆく、ということになります。逆に言えば、この時期の制度はきわめて律令に忠実につくられていたということが言えますし、それが奈良時代の大きな特徴と言っても過言ではありません。

「奈良時代というのは、詳細な律令の規則を、生真面目《きまじめ》に実施にうつさなければならない、と考えていた特異な時代である」――これが、この講の結論となることを予告しておきます。

歴史の授業で、律令の制度として、租庸調とか、班田収授法とか、国郡里制とか、二官八省といった、さまざまなことがらを覚えさせられた、という記憶のある人も多いでしょう。それが「歴史は苦手」という原因の一つになっているかもしれませんが、しかし、奈良時代の官人（役人）の身になれば、そうは言っていられません。律令制度は当然知っておかなければならない「官人の常識」だったのです。

## 官僚制の成立

律令国家が成立する前の段階を大和朝廷と称しています。その大和朝廷から律令国家へと移行するには、おおよそ七世紀の後半、具体的には六四五年の大化改新から七〇一年の大宝律令成立までの半世紀かかりました。この間のさまざまな問題の検討が古代史研究の大きな課題となっているのですが、以下ではごく簡単に説明するにとどめます。

律令国家を特徴づける要素を三つ挙げるとすれば、天皇を中心とする権力の中央集中、それを支える官僚の制度、そして公地公民の制度と言って良いでしょう。そのうち官僚制度を例にして律令国家の成立状況について、見ていきましょう。

大和朝廷の政治の仕組みは「氏姓《しせい》制度」と呼ばれていますが、それは次のように説明されます。「中央や地方の大小さまざまな氏《うじ》が、それぞれ朝廷の大王（天皇）から承認された姓《かばね》をもち、朝廷での職務を分担・世襲し、土地・人民を支配する制度」――つまり要点は、①朝廷の組織として氏が単位となる、②各氏の仕事は固定している、③各氏が独自の基盤（私地私民）をもつ、の三点です。

一つの「氏」として、大伴《おおとも》氏を例に説明しましょう。まず、中央に大伴連《むらじ》という大豪族がおり、その子分として各地に大伴首《おびと》・大伴造《みやつこ》といった中小の豪族が属し、それぞれが大伴部《べ》という部民や、土地の私有が認められていました。この「連」「首」「造」が姓《かばね》です。前講でも少しふれたように、大伴氏というのは大和朝廷の中では宮廷の護衛を担当する氏であり、大伴連―大伴首・造―大伴部といった組織を動員して、全体としてその仕事にあたるといったものでした。同様に、蘇我《そが》氏は朝廷の財政を担当し、物部氏は武器の管理を担当する、というように職務が氏ごとに決まっていたのです。彼らのもつ私地（田荘《たどころ》）や私民（部民）は、氏が朝廷の仕事をするために認められていた資産だったわけです。氏に属する人たちは、必要に応じて自分たちの氏の氏のボスのもとへ行って指示をあおぐ、という仕事の仕方だったと見られます。

これに対して、律令国家（律令制度）になると、ⅰ氏ではなくて官人個人が単位となる、ⅱ官人はさまざまな官職を歴任する、ⅲ氏の財政基盤はなくなり、すべての土地と人民は公けの存在となり（公地公民）、官人は仕事に応じて給料を支給される、というように大きく変化します。つまり、氏という枠組みがなくなり、天皇のもとにすべての官人と人民が所属する形になり、官人は適材適所で、さまざまな仕事をする官僚となりました。たとえて言えば、それまで「ヤクザの○○組の親分・子分」のような形だった「氏」が解体し、構成員の一人一人が「公務員」になった、というわけです。

そのように大きな変化を伴う改革ですから、制度の変更は多方面におよび、それらを実施にうつすには大変な苦労や多くの抵抗があったものと思われます。そのために大化改新から五〇年あまりかかり、紆余曲折《うよきよくせつ》を経てようやく大宝律令で完成するのですが、特に七世紀後半の天武天皇の時代が、官僚制成立の上で大きな画期となったのではないかと考えます。その頃の『日本書紀』の記事を二、三挙げれば、

▽天武二年（六七三）五月の詔では、「官人として仕事を始める場合に、まず見習いとして大舎人《おおとねり》に任命して試し、それぞれの官人の才能を見極めてから、しかるべき官職に任命せよ」と述べています。氏の世襲制が完全に見られなくなったことが注目されます。

▽天武七年（六七八）一〇月の詔では、「すべての官人について、毎年、役所の長官が勤務評定をし、それに基づいて位階の昇進を決めよ」とあり、律令国家の考課制度（第六講で述べます）の原型がスタートします。

▽天武一二年（六八三）一二月の命令では、「官人は正・四・七・一〇月の一日には、朝庭に全員が集まるように」といった具体的な指示も出されています。

このような政策によって、官人たちの勤務形態、待遇、勤務の内容など、細部にいたるまで、具体的な制度化が急がれているのが天武天皇の時代の特徴です。それまで「氏のボス」のところへ行って仕事をしていた人たちは、これからは原則として毎日、天皇の宮にある役所に出勤しなければならなくなりました。つまり、官僚制の成立は、官人が宮のすぐ近くに住まいを構える必要が出てきたことをも意味します。そのために、藤原宮の周囲には初めて官人たちが住む場所として広大な「京」（＝藤原京）が成立したのでした。

## 2　税のしくみ

### 養老令の構成

さて、ここからは律令国家の制度を見ていきますが、律令のうち、刑罰以外の国家の制度を規定しているのは令の方で、その内容が判明しているのは養老令です（大宝令は一部分しか残っていませんし、飛鳥浄御原令は一条もわかっていません）。養老令は約一〇〇〇の条文からなりますが、それらは三〇の章（篇目）にわかれています。その篇目名とそこに含まれる条文の内容を簡単にまとめると、表3のようになります。これだけ見ても国家のあらゆる分野についての規則が網羅されていることがわかるでしょう。「令は今の憲法にあたる」と言ったのはそういう意味です。

ところが、令の条文の内容を見てみると、今の憲法とは違う面もあります。たとえば、神祇令と僧尼令は、それぞれ神社と寺院に関わる規則をまとめたものですが、その中身は神社の制度や寺院の制度をどうすべきか、といった規定ではありません。むしろ、神社や寺院を国家がどのようにして管理し統制するか、を定めた条文と見たほうがよいのです。特に僧尼令は、ほとんどが僧侶たちが違法行為をした時の罰則の規定です。

同じようなことは、公民に関わる戸令《こりょう》・田令《でんりょう》・賦役令《ぶやくりょう》などについても言えそうです。つまり、公民の生活がどうあるべきかといった内容ではなく、国司などの地方の官人がどういう方法で公民を支配すべきか、といった規定になっています。

また、衣服令は、服装の規定ですが、そこでは全国民の服装については全く念頭になく、対象は官人のみ、しかも、宮中の儀式の時の服装に限って定められています。同様に喪葬令も官人身分の人の葬儀だけを対象としています。

表3　養老令の篇目

| | |
|---|---|
| 官位令《かんいりょう》 | 位階と官職の相当の規定。一九条 |
| 職員令《しきいんりょう》 | 中央・地方の官司の構成、官名・定員・職掌の規定。八〇条 |
| 後宮《こうきゅう》職員令 | 妃・夫人・嬪といったキサキの号名、女官の定員・職掌の規定。一八条 |
| 東宮《とうぐう》職員令 | 皇太子附属の機関とその職員の定員・職掌の規定。一一条 |
| 家令《かれい》職員令 | 親王や三位以上の家政機関とその職員の定員・職掌の規定。八条 |
| 神祇令《じんぎりょう》 | 神祇信仰による公的祭祀の規定。二〇条 |
| 僧尼令《そうにりょう》 | 僧尼の統制、不法行為に対する罰則の規定二七条 |
| 戸《こ》令《りょう》 | 人民把握のための行政区画・編戸・造籍・良賤の秩序などの規定。四五条 |
| 田《でん》令《りょう》 | 田の面積・租・口分田などの班給といった土地に関する規定。三七条 |
| 賦役令《ぶやくりょう》 | 調・庸・義倉といった諸税と、歳役・雑徭などの力役の規定。三九条 |
| 宮衛令《くえいりょう》 | 宮城の門の開閉と警護、京内の通行、天皇行幸時の警護などの規定。二八条 |
| 軍防令《ぐんぼうりょう》 | 軍団・兵士・兵衛などの構成・装備・訓練など兵事に関する規定。七六条 |
| 儀制令《ぎせいりょう》 | 朝廷の儀式に関する規定、祥瑞や国郡の祭礼などの規定。二六条 |
| 衣服令《いふくりょう》 | 官人の礼服・朝服・制服の規定。一四条 |
| 営繕令《えいぜんりょう》 | 建物・橋・堤防などの造営と修理に関する規定。一七条 |
| 公式令《くしきりょう》 | 公文書の様式・作成・施行手続きに関する規定。八九条 |
| 倉庫令《そうこりょう》 | 倉庫の設置・出納・管理に関する規定。二二条 |
| 厩牧令《きゅうもくりょう》 | 中央の厩・地方の牧・駅馬・伝馬など馬に関わる諸規定。二八条 |
| 医疾令《いしつりょう》 | 医療関係官人・学生・薬園の運営など医薬に関わる諸規定。二七条 |

| | |
|---|---|
| 学《がく》令《りょう》 | 大学・国学の教科・試験・学生についての規定。二二条 |
| 選叙令《せんじょりょう》 | 位階の叙位と官職の任官の規定。三八条 |
| 継嗣令《けいしりょう》 | 皇族身分と継嗣方法についての規定。四条 |
| 考課令《こうかりょう》 | 官人の勤務評定と官人登用試験についての規定。七五条 |
| 禄《ろく》令《りょう》 | 季禄・食封・皇族に対する時服など、官人への俸禄の規定。一五条 |
| 假寧令《けにょうりょう》 | 官人の休暇に関する規定。一三条 |
| 喪葬令《そうそうりょう》 | 天皇以下官人の死に関わる葬儀・服喪・陵墓などの規定。一七条 |
| 関市令《かんしりょう》 | 関の通過取り締まり・市の管理・交易に関する規定。二〇条 |
| 捕亡令《ほぼうりょう》 | 犯罪人・逃亡した奴婢などの追捕に関わる規定。一五条 |
| 獄《ごく》令《りょう》 | 裁判・課刑に関する規定。六三条 |
| 雑《ぞう》令《りょう》 | 度量衡など、他に収められなかったさまざまな規定。四一条 |

以上のような内容から判断すると、律令というのは、あくまでも官人向けに作られた法律なのであって、その点で全国民のための現代の憲法とはかなり異なることがわかります。つまり、「官人が全国の人民を支配するにあたっての基本的なルールを定めたものが律や令である」と言って良いと思います。

そのために、律令という最も重要な法律の中には、国家元首たる天皇の規定が全くありません。これも憲法との大きな違いでしょう。古代の天皇は、律令を施行し、官人に命令する主体ですから、そもそも律令の規制は受けない存在だったのです。

## 調の制度

以下では、律令に定められた制度を見ていきますが、そのすべてを説明しようとすると国家の全般に及んでしまい、それだけで一冊になってしまいますから、二つの点に絞って、述べることにします。一つは税の制度について、もう一つは地方の支配についてです。

税の制度は賦役令という篇目に規定があり、全三九条にわたってさまざまな規定が定められていますが、ここでは特に調について取り上げます。賦役令の最初の三条は次の通りです。

第一条、凡そ調の絹・絁《あしぎぬ》・糸・綿・布は、ならびに郷土の出す所に随《したが》え。正丁《せいてい》一人に、絹・絁は八尺五寸、六丁にて疋と成せ。長さ五丈一尺、広さ二尺二寸。……糸は八両、綿は一斤、布は二丈六尺、ならびに二丁にて絇・屯・端と成せ。端の長さ五丈二尺、広さ二尺四寸。……もし雑物《ぞうもつ》を輸《ゆ》さば、鉄十斤、鍬《くわ》三口、塩三斗、鰒《あわび》十八斤、堅魚《かつお》三十五斤、烏賊《いか》三十斤、……

第二条、凡そ調は、みな近きに随いて合成せよ。絹・絁・布は両頭に、および糸・綿は嚢《ふくろ》に、具《つぶさ》に国・郡・里・戸主の姓名・年月日を注して、おのおの国印《こくいん》を以て印《お》せ。

第三条、凡そ調庸の物は、年毎に八月中旬より起りて輸せ。近国は十月三十日、中国は十一月三十日、遠国は十二月三十日より以前に、納め訖《お》えよ。……それ運脚《うんきゃく》は均《ひと》しく庸調の家より出さしめ、みな国司、領送せよ。……

第一条は、調の品目と量を定めています。絹・絁・糸・綿・布の五種類の繊維製品が基本的な品

（正調）ですが、それに限りません。他の品目として「もし雑物を輸さば」以下にさまざまなものが挙がっていて、魚介類・海草類・塩や油・染料・金属など合計七七品目となっています。隋・唐といった中国では、調の品は繊維製品六品目だけで雑物の規定がないのに対して、これだけ多種多様な品が定められているのは、流通経済の発達度の違いによるのだとされています。つまり中国では、絹や布を税として集めれば、どこでも簡単に他の必要物資と交易して調達できたのですが、日本では流通が未発達なために、中央政府が必要とする物資を全国に割り当てて、いわば現物をそのまま税として集める、というのが原則だったのです。ただし、税を負担する人々が七七品目の中から自分で勝手に選べるわけではありません。国・郡ごとに品物が指定され、それを納めないといけませんでした。

もう一つ注目したいのは、一人あたりの税の負担量が厳密に規定されているということです。「絹と絁の場合、正丁一人の負担は長さ八尺五寸（二・五㍍）、広さ二尺二寸（六五㌢）で、これを六人分あわせて絹一疋（五丈一尺・一五㍍）にせよ」とあります。鉄ならば一人あたり一〇斤（二二五〇㌘）、塩ならば三斗（二一・五㍑）であり、これらの負担量が同じであることを示します。奈良時代の間に調の品目について、規格の変更が何度か命じられますが、たとえば布の巾が広くなった時にはその分の長さを短くして布の面積を同じにするというように、総量をきっちりとあわせているのです。つまり、「負担の均一」という大原則があり、これを守ることに特に意を用いているように思います。

第二条は、納税者名を明記して、その責任を明らかにすることを指示しています。ここでは、繊維製品についてのみ規定されています。つまり「国・郡・里・戸主姓名・年月日」を書く場所が、絹・絁・布であればその品の両端に書き、糸・綿ではモノに直接は書けませんから、それを包んだ袋に書かせ、それらに国司が印を押すようにという指示です。そしてこの条文にはないことですが、繊維製品以外の品物の場合には別に木簡（荷札木簡）を作成して、そこに納税者名などを書いて、モノにくくり付けられたのです。つまり、調の品に荷札木簡を付けるという法的なよりどころは、この第二条ということになります。中国に比べて日本での調の品目の多様性が荷札木簡を生んだということになります。

第三条は全国から調や庸を都に運ぶ時の期日を定めています。都からの距離によって、国を「近国」「中国」「遠国」に分け、それぞれ一〇月・一一月・一二月の末までに都に納めなければなりません。ここに出てくる「運脚」が、正丁の中から指名されて税を運ぶ人で、往復の旅がいかに大変だったか、という史料がいくつか見られます。しかし、これも調庸を負担する家から「均《ひと》しく出させよ」とことわっていて、ここにも「負担の均一」が明記されています。

調以外も含めた税負担の全体については表4にまとめましたので、参照してください。税の種類と品目、それぞれの負担量、さらに税の納入先……と、全体として、きわめて整然とした税制度になっていることがわかります。大和朝廷時代の税の制度について詳しいことはわからないのですが、おそらく相当にアバウトで、地域や氏ごとにマチマチだったのではないかと想像されますから、それに比

表4　律令制の税

| 税の種類 | 品目 | 負担量 | 税の行先 |
|---|---|---|---|
| 租《そ》 | 稲 | 水田一段あたり稲二束二把（収穫量の約三%） | 地方の正倉に貯えられた |
| 庸《よう》 | 布・綿・米・塩など | 正丁（二一〜六〇歳の男）一人に布二丈六尺、次丁（六一〜六五歳の男）は半分、中男（一七〜二〇歳の男）は免除<br>七〇六年以後は皆半額となる | 都に運ばれ、大蔵・民部省などの蔵に入る<br>納入時期は八月〜一二月<br>国司・郡司の監督のもとに、負担者の家から運脚を差し出す |
| 調《ちょう》 | 絹・布などの繊維製品<br>塩・水産物などの食品<br>鉄・鍬・銭その他 | 絹ならば正丁一人につき八尺五寸、布ならば二丈六尺、次丁は半分、中男は四分の一 | |
| 雑徭《ぞうよう》 | 労働力の徴発 | 正丁一人年間六〇日以下、次丁は半分、中男は四分の一 | 国司による徴発で国府での労働・贄などの生産も |
| 中男作物《ちゅうなんさくもつ》 | 繊維製品・食料品など | 中男の労働によって、各種の産物を調達 | 七一七年に制度ができた |
| 公出挙《くすいこ》 | 稲 | 利率三〜五割で農民に稲を貸付 | 一部は舂米として都へ運ぶが、大半は地方の財源となり、国府の運営費にあてられた |
| 仕丁《しちょう》 | 労働力の徴発 | 五〇戸から二人の割で、一年間の労働 | 都に出て宮内の役所で雑役に従事 |
| 兵役《へいえき》 | 労働力の徴発 | 一戸から一人、地方の軍団で軍事訓練 | 都の衛士や防人ともなった |

べると格段に制度が整ったといって間違いないでしょう。そして、こうした制度が国司や郡司といった地方の官人によって、さまざまな困難な状況にありながら、かなり厳格に実施にうつされていたことが、各種の史料や荷札木簡などの例から明らかになっているのです。

## 3　地方支配のあり方

### 国司と郡司

次に取り上げるのは、地方支配についてです。政府が地方を支配するための行政単位は、国―郡―里（郷）よりなっており、国司《こくし》・郡司《ぐんじ》・里長《りちょう》などの官人がその仕事にあたっていました。このうちの国司と郡司を比べてみると、おなじ地方官でありながら、いくつかの違いがありました。

国司（守《かみ》・介《すけ》・掾《じょう》・目《さかん》）は都から派遣される官人で、任期が四～六年と決まっており、それが終わると他に転勤していきました。今で言えば中央省庁から県庁に出向するキャリア官僚のような存在です。一方、郡司（大領《かみ》・少領《すけ》・主政《じょう》・主帳《さかん》）はその地方の有力者が任命され、任期のない終身官つまり長くその地位を続けました。

国司からすれば、郡司は部下となるわけですが、それぞれの郡の事情をよく知っている彼らの協力がなければ、うまく仕事を進めることはできませんでした。そもそも郡司となった者の多くは、大和朝廷の時代には国造《くにのみやつこ》という地位についていた地方の有力豪族の子孫であり、律令国家は、そうした各地の豪族たちを郡司として取り込むことによって全国を支配できたのです。つまり、律令国家の地方支配は、それまでの国造たちの権力を否定するのではなく、それを一部認めながら中央から派遣した国司によってコントロールする、というものだったのです。「国司」は「くにのみこともち」とも呼ばれましたが、これは元来「天皇の命令を地方に伝える使者」という意味だったのです。その国司がたんなる使者ではなく、一定期間地方に留まるようになって、国司の制度が確立しました。それがおおよそ七世紀末頃のことです。

そうすると、ここにどういう課題が出てくるかといえば、地方の事情に精通し長く郡司の職にあるベテランたちを、新任で事情にうとい中央派遣官である国司が、いかにして従わせるか、ということだったのではないでしょうか。つまり、国司としては、自分たちの方が郡司よりも官人としてはるかに優れているのだ、ということを示さなければならないわけです。実力はともかくとしても、威厳ないし「ハッタリ」が必要だったのであり、そのことは、「儀式」と「文書行政《もんじょぎょうせい》」の二つの側面で見られるのではないか、と私は考えています。

## 国庁での儀式

国司が赴任し、国内の政治を行う場所を国府《こくふ》と言い、今で言えば県庁にあたります。国府の中にはさまざまな施設がありました。その中心部にあたるのが「国庁《こくちょう》」、各種の役所である「曹司《ぞうし》」、国司の住まいとなる「国司館《こくしのやかた》」、多くの倉庫が集まった「正倉院《しょうそういん》」などより構成されていました（図26）。このうちの国庁が最も重要な場所で、都で言えば大極殿・朝堂院にあたります。つまり、国府の中で行われる儀式や政務の場なのです。

国庁の構造については、各地の国府跡の発掘調査によって、おおよそのことがわかってきました。国によって多少の違いはありますが、一般的には、数十㍍四方の築地で囲まれた区画があり、南面に門が開き、その区画の中央北寄りの所に正殿が配置されます。その南には南北に長い脇殿が東西対称の位置にあって、その間が庭となっています。正殿は国司の長官（守《かみ》）が着座する建物、脇殿は国司の次官以下および各郡の郡司たちの座る建物と見られます。そして、中の庭は、儀式の時に郡司たちが立ち並ぶ空間なのでしょう。

その国庁でどのような儀式が行われ、その様子がどうだったのか、といったことは残念ながら史料が少なくてよくわからないのですが、わずかに元日朝賀の儀式については手がかりがあります。それによれば、まず、国司以下郡司までの全員が、天皇の居る平城宮の方角を向いて「遥拝《ようはい》」します。その後、郡司たちは中庭に列をなして立ち並び、国司の長官が正殿に着座すると、その長官に向かって北面して拝礼します。拝礼が終わると、郡司たちは脇殿に着座して宴会となり、元日の儀式を終えたようです。ここで注目されるのは、第四講で見た平城宮における元日朝賀の儀式（八四頁）とほぼ同

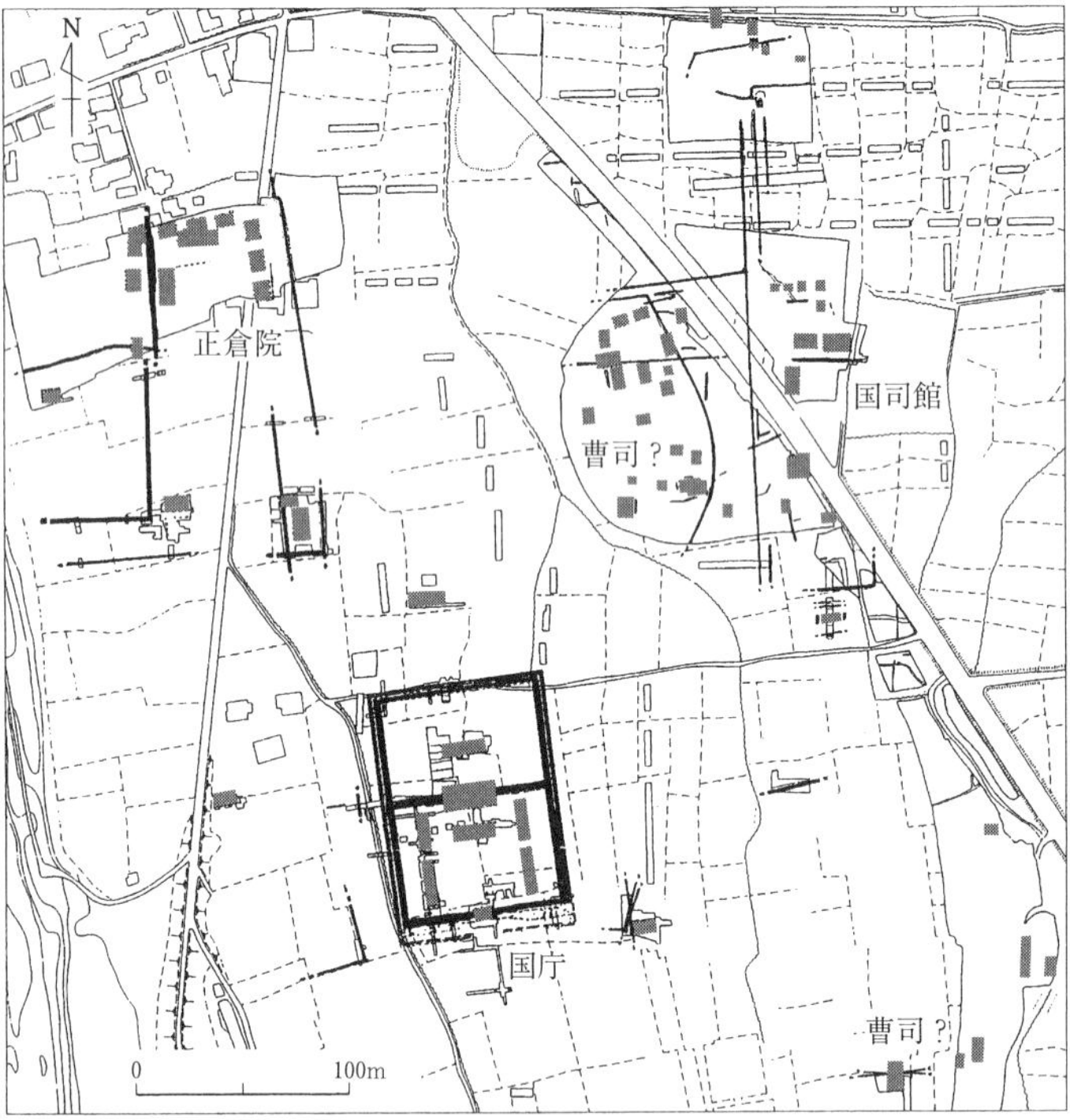


図 26　国府の遺構配置（肥前国府）

じあり方だったことです。ただし、年初のお祝いを受ける相手が、平城宮では天皇であるのに対して、国府では国司の長官であり、地方においては国司の長官こそが天皇の名代《みょうだい》であることを示す儀式となっているわけです。

元日朝賀以外にも、国庁において国司と郡司が参加する儀式がいくつかあって、その度ごとに両者の上下関係が確認されたことでしょう。律令の規定では、官人の序列はすべて位階に基づいて定まっていたのですが（第六講で述べます）、その例外として、国司と郡司の関係が挙げられます。それは、両者が道ですれ違う時に、たとえ郡司の位階が国司の位階よりも高い場合でも、郡司は馬から下りて礼をしなければならない、という規定をわざわざ設けているのが注目されるところなのです。

おそらく、国司たちはさまざまな機会を通して、郡司たちに対して「都ではこのようにして儀式をとどこおりなく進めるのだ」と指導をしながら、威厳を保っていたのではないでしょうか。

## 国司の作る文書

もう一つ、国司と郡司の大きな違いとして、文書作成能力が挙げられます。

先ほど税の一つとして調の説明をしました。全国の公民は調の品物をととのえて、それを都まで運ばなければなりませんでした。その徴税《ちょうぜい》にあたったのが国司や郡司などの地方官ですが、役割が違います。国司は、計帳《けいちょう》という公民の台帳に基づいて各郡ごとに調の品目を集めるように郡司に指示をだし、郡司が中心となって配下の里長を通じて実際の取り立てにあたります。調の品物が集まると、国司は中央に報告するための調帳《ちょうちょう》（一国内から集めた調の品目についての帳簿）などの文書を作成した上で、「貢調使《こうちょうし》」として都にのぼります。一方、郡司たちはそれぞれの郡の運脚をつれて調を運ぶ責任者「綱領《こうりょう》郡司」となります。したがって「調の品」を運ぶ役目は郡司であり、国司は「調帳などの文書」を運ぶ責任者なのです。

　右に挙げたのは一例にすぎませんが、国司たちは国全体で数人しかいませんから、国内の全般にわたって目配りをして細々した指示はできません。実際の業務は郡ごとに郡司にまかせて、国司は全体を文書によって把握し、それを中央に報告するというのが、国司と郡司との役割分担だったと見られます。そのために、少なくとも国司は文書作成に精通していなければ仕事になりませんでした。

　では、国司は一年間にどのような文書をどれぐらい作り報告していたのでしょうか。彼らは一年に四回、交代で都にのぼり文書を持参しなければなりませんでした。それらの使者を総称して「四度使《よどのつかい》」と呼び、具体的には朝集使・大帳使・税帳使・貢調使の四種です。それぞれの使者が持参する文書が朝集帳・計帳・正税帳・調帳で、これをあわせて「四度公文《よどのくもん》」と言います。計帳・調帳の他では、朝集帳とは国司や郡司など地方官の勤務成績をまとめた帳簿のこと、正税帳とは国府の主な財源である正税（稲）についての帳簿でいわば地方の財務報告書です。

　国司たちはこの四種類の主要な文書について、全国一律の統一した書式に基づいて書かなければなりません。しかも、当然のことながら数値が間違っていてはいけませんから、正確な計算能力も必要となります。さらに中央へ報告する文書ですから、キチンとした楷書で丁寧に書かないといけません。そうした能力が国司には要求されたのであり、これはとうてい郡司や里長ではできませんでした。

奈良時代の文書行政のすごさを示す例をもう少し続けます。さきの四度公文ですが、国司が作成しなければならないのは、この四種だけではありませんでした。それぞれの文書が実態を正しく反映していることを証明するために、たくさんの付属文書（枝文《えだぶみ》）も併せて持参しなければならなかったのです。たとえば計帳の枝文として、郷戸帳・浮浪人帳・中男帳・高年帳・廃疾帳・死亡帳・喪遭帳……といった二六種類、朝集帳の枝文が二一種類、正税帳の枝文が六種類、調帳の枝文が一〇種類、確認できます。枝文だけで合計何と六〇種類以上にのぼります。しかも、これらが相互にツジツマが合っていないと、中央政府から責任を追及されました。

計算の一例も示してみました（表5）。これは正税帳の一部分で、越前国江沼《えぬま》郡に蓄えられた正税の一年間の収支決算で、穀《こく》（穂をとった米）と穎稲《えいとう》（穂のついた米）にわけて計算がなされています。私も正税帳の記載にしたがって項目の相互関係を確かめ、電卓を使い時間をかけてようやくその正しさを確認できました。この正確さはすごいでしょう？　これが全国で毎年行われていたわけですから、国司たちの能力の高さには、まったく感心してしまいます。

おそらく、国司の仕事とは、地方を実地に視察して行政にあたるというよりは、一年間、ともかく

表5　天平三年越前国正税帳の江沼郡部分の計算

| | | |
|---|---|---|
| A | 天平元年の穀の量 | 29694.453石 |
| B | 天平元年の穎稲の量 | 84049.4束 |
| | | |
| C | 穎稲の支出 | 1700束（D+E） |
| D | 舂米 | 1000束 |
| E | 兵士へ支給 | 700束 |
| F | 残 | 82349.4束（B−C） |
| G | 脱穀した分 | 6548.3束　→　654.83石（10束=1石） |
| H | 振入 | 59.53石（G×1/11） |
| I | 定 | 595.3石（穀に繰入） |
| J | 出挙した分 | 31670束 |
| K | 死人負稲 | 550束（回収不能） |
| L | 残 | 31120束（J−K） |
| M | その利息 | 15560束（L×0.5） |
| N | 小計 | 46680束（L+M） |
| O | 支出 | 5000束（絁糸の代金） |
| P | 残 | 41680束（N−O） |
| | | |
| Q | 古稲 | 42131.1束（年間収支の対象外） |
| | | |
| R | 租収入 | 1381.5石（S+T） |
| S | 食封 | 318.27石（封主へゆく） |
| T | 公租 | 1062.787石（地方に残る収入） |
| U | 振入 | 96.617石（T×1/11） |
| V | 納入額 | 966.17石（T−U） |
| | | |
| W | 糒 | 1945石（年間収支の対象外） |
| | | |
| X | 天平2年の穀の量 | 31255.923石（A+I+V） |
| Y | 天平2年の穎稲の量 | 85811.1束（B−C−G−J+P） |
| | | |
| Z | 糒 | 1945石（年間収支の対象外） |

正税帳にはA〜Zの順に記述される.（　）に説明を加えた. なお, H・Uの「振入」とは, 穀にして倉に入れると自重によって, 容積が1/11減ることを意味する.

必死に文書を作り続けていたのではないか、とさえ思えるほどです。そして、それこそが郡司にはできない仕事、すなわち「文書行政」だったのです。

## 律令は「理念」なのだ

これまで見てきた国司たちの詳細な文書行政も、奈良時代の間は真面目に実施されていましたが、時が経ち平安時代に入ると次第に形式化してくるようです。国司たちは公民の実態とは必ずしも一致しない内容の帳簿を作るようになり、たんに帳簿どうしのツジツマがあっていれば大丈夫、とタカをくくるようになります。一方、中央政府も、それを十分にチェックして不正を摘発することが次第に困難になっていきました。

税制の面でも、税負担の均一化という原則がしだいに崩れていきます。そもそもさまざまな生活を営み、貧富の差も大きい公民を一律に支配すること自体に無理があるのでしょう。奈良時代も末頃になると、調庸が期日通りに都に届かなくなったとか、品質が落ちてきて使用に耐えないとか、人々が居住地を離れてしまい規定通りの量が確保できないといったように、さまざまな納税をめぐる問題が表面化してきます。政府はこれを何とか原則通りに実施させようと国司・郡司を督励しますが、なかなか思うようにはいきません。すると次の段階では、おおよそ国単位で総額に見合うだけの品物を納めれば詳細は問わないとか、やがて総額の何割を納めれば良い、といった形で譲歩せざるを得なくなってきて、調庸の制度がしだいに崩れていくことになります。

また、詳しくは次講で説明しますが、官人たちの勤務評定の制度も、奈良時代前半には細かく実施していたのに、平安時代に入ると形式化していきます。その他にも、公地公民制という原則が崩れて私有地である荘園が成立していくといったことなどさまざまな面に見られることなのですが、奈良時代と平安時代とでは、律令を基本とする同じ制度下にありながら、実態はかなり違ってくるのです。

これは、律令制度が成立した当初は、それをキッチリと実施していたのが、しだいに実態にあわなくなり、それに現実的に対応していった姿と見て良いでしょう。しかし、だからといって、律令国家は八世紀初めにピークがあって、そこから時代とともにどんどんと崩壊に向かっていった、という見方も一面的だと考えます。律令制度が「正」でそれにあわない面は「邪」である、という考え自体がきわめて特殊なもののように思うからです。

むしろ、七〇一年の大宝律令が完成した当初は、多くの官人たちが「これを何が何でも実施にうつさなければならない」と生真面目にとらえて努力していたのに対して、およそ一〇〇年近くたつと、「律令というのは、あくまでも理想であり理念なのだ」ということを学習するようになり、「むしろ現実に即した対応をすべきだ」と考えるようになったのではないか、と思うのです。

ようやく、この講の冒頭で示した結論に戻ってきました。「律令国家」あるいは「奈良時代」というのは、きわめて特殊な時代だったのです。

# 第六講　みやこびとの世界

## ——平城京の官人——

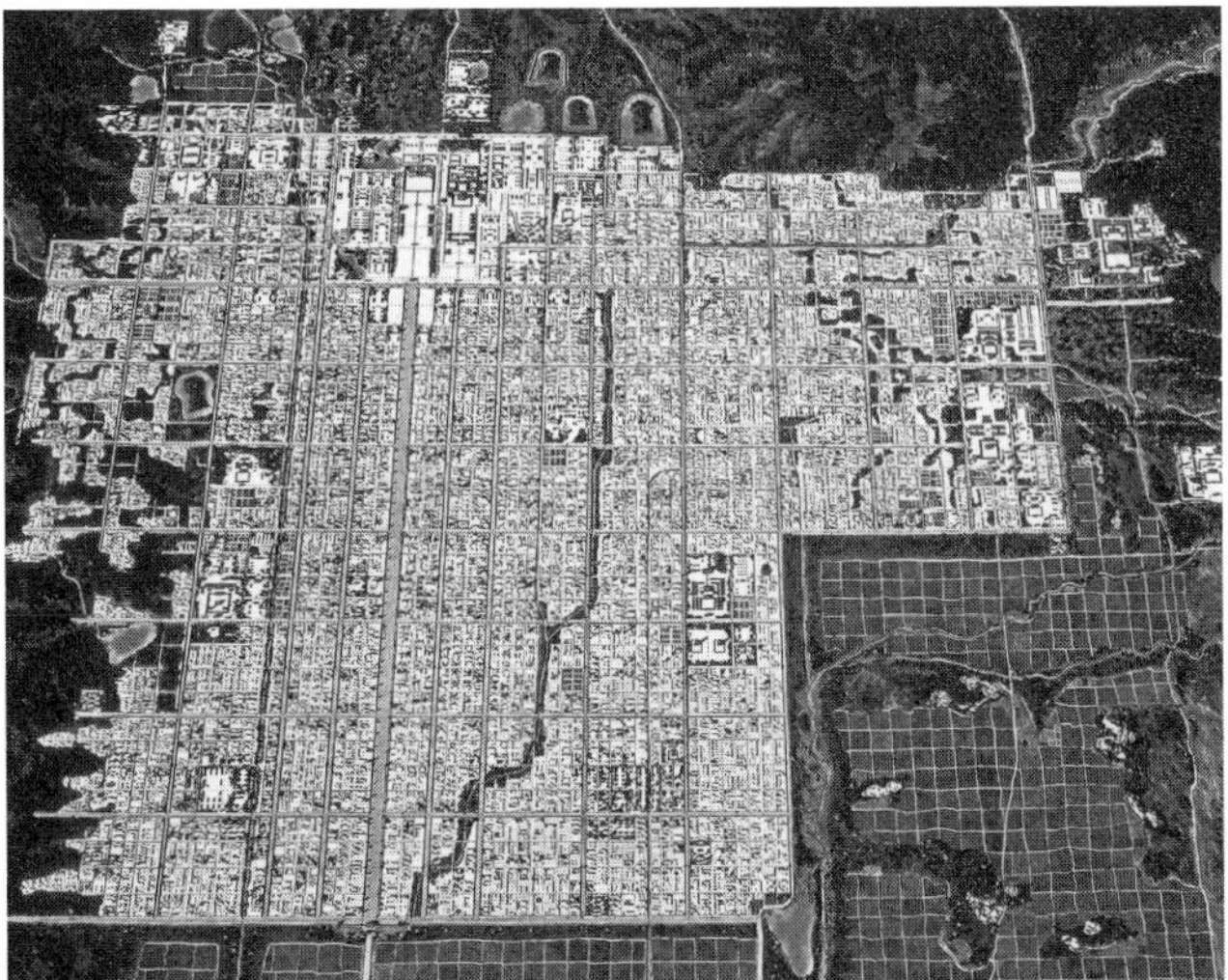

平城京復元模型

## 1　平城京の人口

平城京《へいじょうきょう》は唐の都・長安城を手本としてつくられた人工的な都で、碁盤目状に道路が広がる約五㌔四方の規模をもっていました。平城京の中央には、幅七〇㍍の南北道路・朱雀大路があり、これを境に東が左京、西が右京にわかれます。平城京の北端にある平城宮《へいじょうきゅう》については第四講で述べましたが、平城宮の南に広がる京の街には寺院や神社、市場などが置かれ、そのほかは官人（役人）たちの住居となっていました（図27）。

ここまで読んできて「あれ?」と思った人、いますか？「東が左京、西が右京」という部分です。私たちは小学校の頃から、地図を見る時は北を上にした図を見る習慣がついていますから、東は「左」ではなくて「右」ではないのか？という疑問が出てきそうです。しかし、都の場合は、平城京の北端に天皇がいて、天皇が南を向いた時の「右と左」の「京」という意味ですから、このままで間違っていないのです。

さて、この平城京にはいったいどれぐらいの人が住んでいたのでしょうか。かつて日本史の教科書には約二〇万人だと書いてあり、私が高校生の時にも確かそう習った気がします。ところが最近の教科書では一〇万人となっています。では、どうしてこのような変更がなされたのでしょうか。

## 二〇万人説

二〇万人という説は、大正から昭和にかけて活躍した数学者・沢田吾一《さわだごいち》という人が唱えたもので、その根拠はおおよそ三つあります。一つは、明治の初め頃の地方都市、金沢市の面積が平城京に近いので、当時の金沢市の人口を参考にすること、第二に全国の人口中に占める首都の人口の比率を計算すると、さまざまな地域や時代によってバラツキはあるのですが、おおよそで言えば三%ほどになるというので、奈良時代の全国の人口を推定しそれをもとに計算すること、第三に奈良時代末頃の古文書があって、そこには平城京内に住む八〇歳以上の人、合計一〇七六人に米を特別支給したとあるので、これを手がかりに、京の全人口を復元するというものでした。その結果、いずれの方法でも、平城京の人口は二〇〜二五万人になるというのです。

ところが、戦後になって、沢田説では少し多すぎるのではないか、という疑問が出されるようになりました。今の奈良市の人口は約三五万人ですが面積は平城京よりもはるかに広いので、かつての平城京の範囲内に現在住んでいる人に限れば、とうてい二〇万人にはならないでしょう。となると、一三〇〇年前の平城京は、今の奈良市よりも人口密度が高かったと果たして言えるのでしょうか？

沢田の方法について検討してみると、第一と第二の根拠はそれほど有力とは思えません。明治初期の金沢市と古代の平城京の人口密度が同じくらいだったという保証はどこにもありませんから、面積がほぼ同じだからといって人口も一緒とは簡単には言えません。また、奈良時代の全国の人口も、沢田は六〇〇〜七〇〇万人と推定していますが、これはやや多すぎる数字で、最近の研究では、さまざまなデータをもとにすると、四〇〇万人前後と見るべきなのです。何よりも、首都人口が全国の三％というのもたんなる目安にすぎません。

ただし第三の方法だけは、かなり有効だと思います。つまり高齢者の人数から全人口を計算するために、古代の戸籍などを材料として年齢構成の比率を調べ、そこから逆算したもので、それなりに根

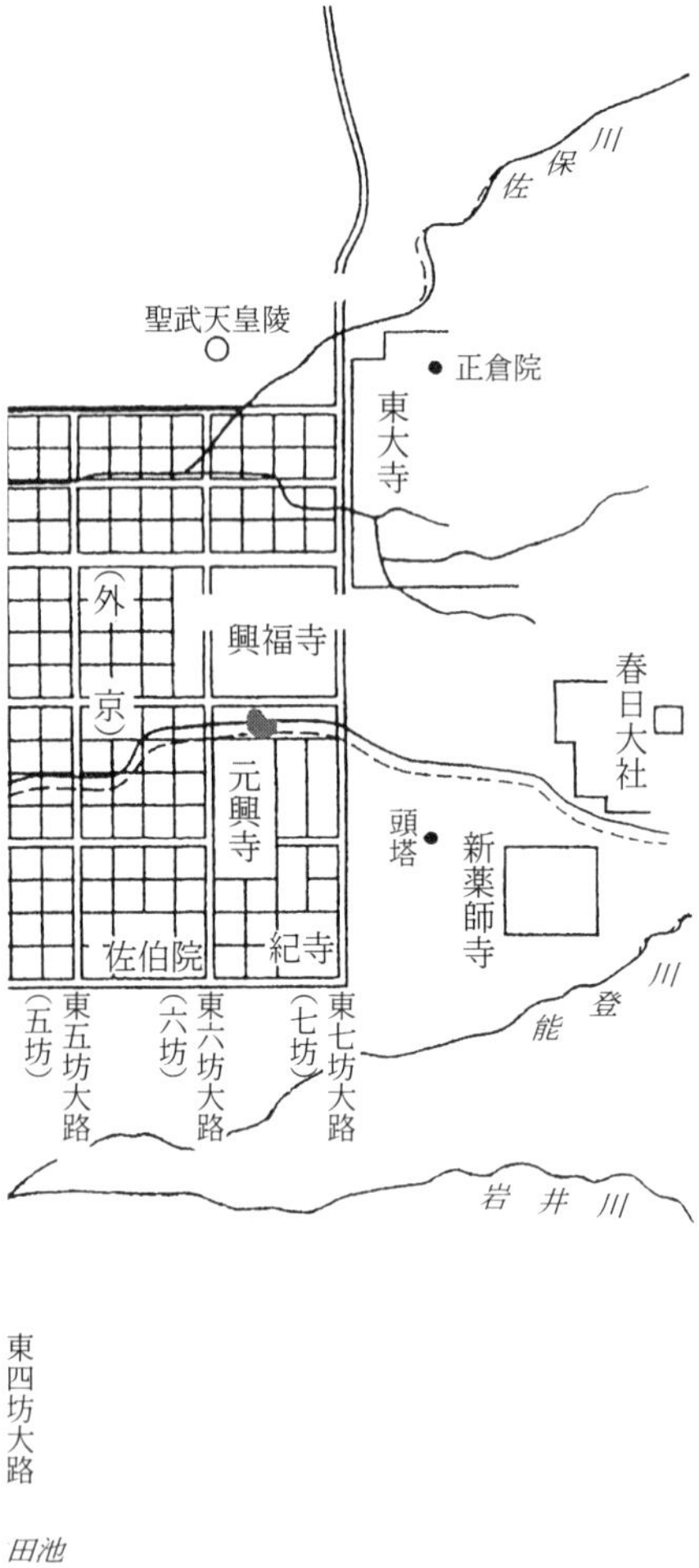

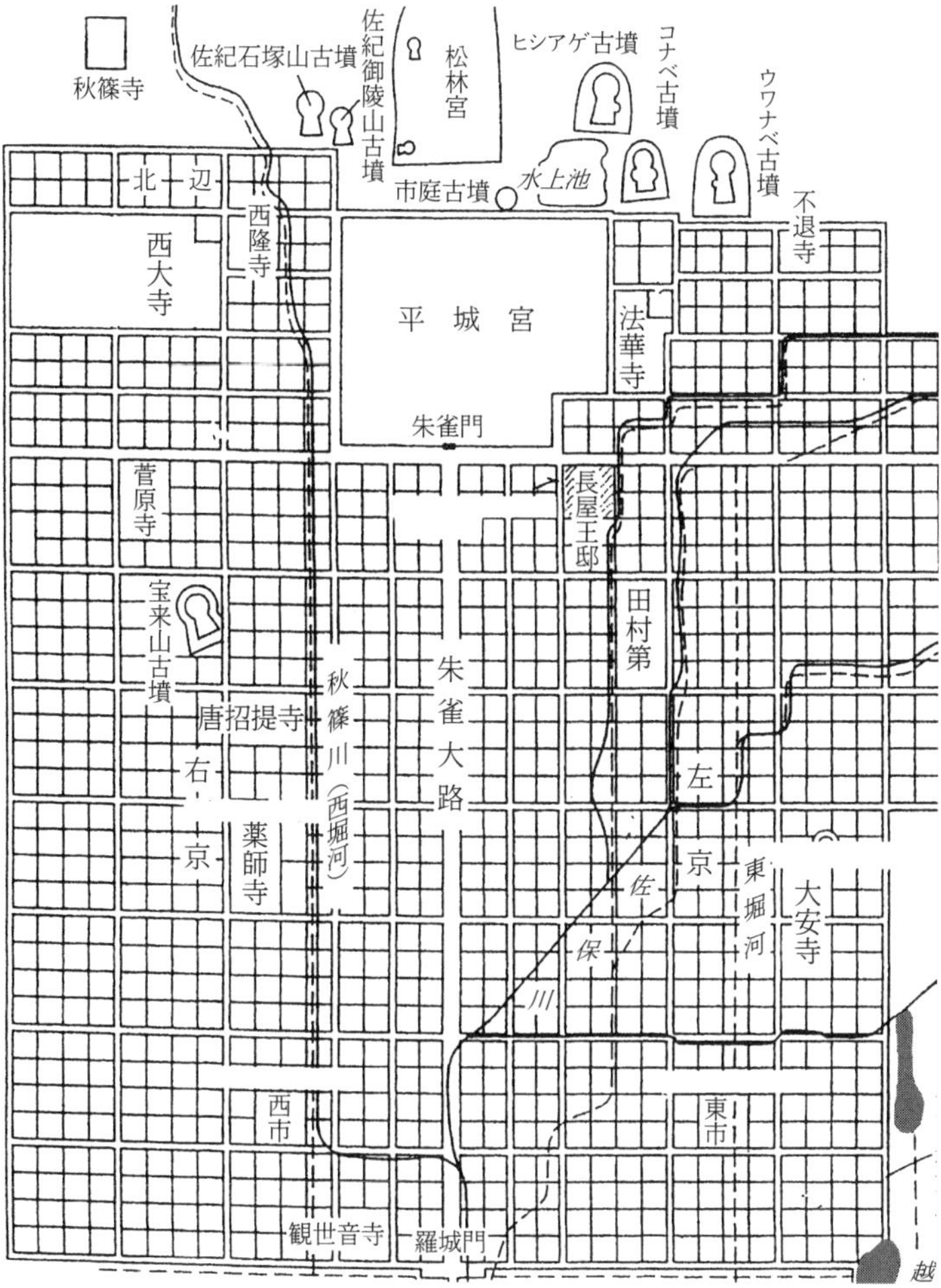
秋篠寺
佐紀石塚山古墳
佐紀御陵山古墳
松林宮
ヒシアゲ古墳
コナベ古墳
ウワナベ古墳
市庭古墳
水上池
不退寺
北辺
西隆寺
西大寺
平城宮
法華寺
朱雀門
菅原寺
長屋王邸
田村第
宝来山古墳
秋篠川（西堀河）
朱雀大路
唐招提寺
右京
薬師寺
左京
佐保川
東堀河
大安寺
西市
東市
観世音寺
羅城門
越

図 27　平城京図

拠となる数字です。ところが、問題なのは、どうもこの古文書は恩恵を受けるために高齢者数を実際よりもかなり「水増し」して申請したことがわかってきました。そうなると、残念ながらこれも根拠にはできなくなります。

## 一〇万人説

そこで戦後になって、何人かの研究者が沢田とは別の方法によって計算をし直しました。その方法とは、平城京の全面積から宮や寺院などを除いて、人々の居住が可能な面積を計算し、それに一定面積当たりの居住者数を求めて、掛け合わせるというものです。それによると、居住可能面積は約一一〇〇町余（一町は一・五紛）ほどで、一町当たりの居住者数は発掘のデータや官人の位階別宅地面積などから計算します。研究者によって数値に少し違いが出ますが、おおよそ一〇万人前後という結論が出されました。これが現在の教科書に反映しているというわけです。

しかし、私自身はもうちょっと少なくて、五〜六万人ほどではないかと思っています。理由の一つは一〇万人説の問題点として、居住可能な土地に隈無《くまな》く人が住んでいたという前提にたった計算であるということです。平城京の発掘事例を見ると、確かに同じ場所で建物が何度か建て替えられているとことが多いのですが、奈良時代を通じてずーっと建物が存続しているわけではなくて、断続的だからです。つまり、ある時点での平城京の光景を考えてみると、かなり空き地が目立っていたと推定されるのです。したがって、一〇万人よりは少なく見積もるべきだと思います。

もう一つの理由は、京の住民の中でかなりの割合を占めるのが下級官人ですが、彼らの多くは家族とは同居していないと考えるからです。家族は田舎に住んで農業を営んでいて、ほとんどの下級官人は「単身赴任」して平城京内に住んでいたと、私は考えています。

以上のような点から、私は平城京の人口を五〜六万人程度と推定します。そうだとすると、下級官人の数が一〜二万人で、そのほかにも役所で雑用にあたる人、官人予備軍といった人数を考えると、都市住民のうちの多くは何らかの形で役所に関わりをもっており、商人や職人などの庶民がきわめて少ないことになります。つまり平城京は、人口構成から見て、経済的な都市というよりは政治的都市の色彩がはっきりと見られます。それだからこそ、ひとたび都が奈良を離れると、住民の大半が移住することになり、平城京はたちまち廃《すた》れ、かつての都はほどなく田圃《たんぼ》に変わっていったのでしょう。

## 2 五位のカベ

### 位階と官職

ここからは官人の話にうつります。まず、現代のサラリーマンを想像してみてください。会社での地位を表す「総務課長補佐」などという肩書きがあるでしょう。また、若い皆さんは知らないかもしれませんが、これとは別にその地位に対応する「四級一二号俸」といった「等級号俸《とうきゅうごうほう》」というのがあります。簡単に言えば、課長補佐ならば四級、本人の勤務年数によって一二号俸、というように等級号俸が決められ、それによって給料の金額が決まっているのです。そして、ちょうどこの「肩書き」と「等級号俸」に近い古代の制度が「官職《かんしょく》」と「位階《いかい》」ということになります。

まず、官職から説明していきましょう。都には「二官八省一台五衛府」と総称されるたくさんの役所があって、仕事を分担していました（表6）。

その一つの役所の中のメンバー構成はというと、「カミ」「スケ」「ジョウ」「サカン」と呼ばれる「四等官《しとうかん》」が中心で、これが今で言えば「部長」「次長」「課長」「係長」といった管理職に相当すると言えばわかりやすいと思います。その下に「史生《ししょう》」以下、さまざまな役目の者が配属されていました。具体的な例で見てみましょう。官人の人事や宮廷の礼儀などを担当する式部省の構成員を示すと、次の通りです。

式部卿《しきぶのかみ》一人、式部大輔《だいすけ》一人、式部少輔《しょうすけ》一人、式部大丞《だいじょう》二人、式部少丞《しょうじょう》二人、式部大録《だいさかん》一人、式部少録《しょうさかん》三人、史生《ししょう》二〇人、省掌《しょうじょう》二人、使部《つかいべ》八〇人、直丁《じきちょう》五人。

式部省は重要な役所なので、四等官が一人ずつではなく、スケ以下は「大・少」にわかれて、合計一一人にのぼります。そして、史生というのがいわば「ヒラ」の事務官で、省掌がその補佐役、使部が史生の指示にしたがって動く実働部隊で身分的には官人見習と言えます。最後の直丁だけは官人で

表6　律令官制と職掌（（　）は管轄事項）

**中央官制**

- **神祇官**（宮中の神祇祭祀と全国の神社を統轄）
- **太政官**（国政を統轄）
  - 〔議政官〕
    - 太政大臣
    - 左右大臣
    - 大納言
    - 中納言
    - 参議
  - 少納言
    - 外記（詔・奏の検討，駅鈴・伝符・内印・外印）
  - 左右弁官（諸司・諸国からの文書の受付，命令伝達）
  - **中務省**（天皇・後宮に関わる事務，内廷と外廷の仲介）― **中宮職**（皇后の家政機関），左右**大舎人寮**（大舎人），**図書寮**（典籍，仏像・仏具，国史編纂），**内蔵寮**（財政，宝物，日常調度），**縫殿寮**（衣服縫製，女官の勤務評定），**陰陽寮**（天文，気象，暦，時刻），**画工司**（絵画，彩色），**内薬司**（医療，調薬），**内礼司**（宮中儀礼）
    - 内記（詔勅の起草）
    - 監物（庫蔵の出納）
    - 典鎰（庫蔵の鍵）
    - 主鈴（内印・駅鈴・伝符）
  - **式部省**（文官の勤務評定・人事，朝廷儀礼）― **大学寮**（官人養成機関である大学），**散位寮**（散位＝官職のない有位階者）
  - **治部省**（各氏族の系譜・相続・婚姻など官人の身分に関わる事務）― **雅楽寮**（宮廷の音楽），**玄蕃寮**（仏教・僧尼，外交），**諸陵司**（陵墓），**喪儀司**（喪葬儀礼・調度）
  - **民部省**（民衆・土地・租税など民政全般）― **主計寮**（調・雑物の収取・分配），**主税寮**（田租の収取・管理）
  - **兵部省**（諸国軍団・兵士・兵器・軍事施設，武官の勤務評定・人事）― **兵馬司**（牧，駅制，牛馬），**造兵司**（兵器製造，雑工戸），**鼓吹司**（軍・葬儀の鼓笛調練），**主船司**（公私の船），**主鷹司**（鷹狩用の鷹・犬）
  - **刑部省**（刑事裁判・良賤判別などに関わる司法行政全般）― **贓贖司**（犯罪対象財物・刑罰代納財物・遺失物の収納），**囚獄司**（罪人の収監，刑罰の執行監督）
  - **大蔵省**（諸国貢献物の保管，朝廷行事の用度統轄，度量衡・物価の統制）― **典鋳司**（金属・ガラス・玉器の製作），**掃部司**（用度の保管・設営），**漆部司**（漆製品の製作），**縫部司**（衣服縫製），**織部司**（繊維製品の製作）
  - **宮内省**（内廷の庶務機関）― **大膳職**（朝廷儀式の食膳），**木工寮**（土木工事，木材調達），**大炊寮**（舂米の収納，諸司への食料分配），**主殿寮**（宮中の殿舎・調度），**典薬寮**（薬物，官人の医療，医療技術者養成），**正親司**（皇親の管理），**内膳司**（供御の食膳調理），**造酒司**（供御・儀式の酒・酢醸造），**鍛冶司**（金属器製作，鍛戸の監督），**官奴司**（官奴婢の管理），**園池司**（宮中の園池管理，供御の蔬菜・果樹栽培），**土工司**（瓦・石灰の製造，壁塗などの土工事），**采女司**（采女の管理），**主水司**（供御の飲料水・氷管理），**主油司**（諸国貢進の油の管理・分配），**内掃部司**（供御の調度設営），**筥陶司**（土器と須恵器・土師器の管理），**内染司**（供御の染色）
- **弾正台**（大内裏と京内の綱紀粛正）
- **衛門府**（宮城門・宮門の警備）― 隼人司（朝廷に奉仕する隼人の管理）
- 左右**衛士府**（衛士の管理，宮門・宮城門・宮内諸官衙の警備）
- 左右**兵衛府**（兵衛〈天皇の親衛隊〉の管理，閤門〈内門〉の警備，天皇の身辺護衛・行幸供奉）
- 左右**馬寮**（官馬の調教・飼養）
- 左右**兵庫**（儀式・実用の武器管理）
- **内兵庫**（供御用の武器管理）

**地方官制**

- 〈京官〉
  - 左右**京職**（京内の行政・警察機構）― 東西市司（市の管理・運営）
  - **摂津職**（難波宮・難波津・難波市の管理，摂津国の国司を兼務）
- **大宰府**（西海道諸国を管轄，防人・軍事施設の統轄，外交交渉）― 防人司
- **諸国・嶋**
  - **郡司**
  - **軍団**

表7　30階の位階

| |
|---|
| 正一位《しょういちい》 |
| 従《じゅ》一《いち》位《い》 |
| 正二位 |
| 従二位 |
| 正三位 |
| 従三位 |
| 正四位上《しょうしいのじょう》 |
| 下 |
| 従四位上《じゅしいのじょう》 |
| 下 |
| 正五位上 |
| 下 |
| 従五位上 |
| 下 |
| 正六位上 |
| 下 |
| 従六位上 |
| 下 |
| 正七位上 |
| 下 |
| 従七位上 |
| 下 |
| 正八位上 |
| 下 |
| 従八位上 |
| 下 |
| 大初位上《だいそいのじょう》 |
| 下 |
| 少初位上《しょうそいのじょう》 |
| 下 |

はなく、一般人の中から集められて雑用にあたりました。これらを合計すると一二〇人ほどとなりますが、役所によって人数の多少はかなり異なります。

ここで挙げた「式部卿」とか「式部大録」というのが、式部省の中での役割であるとともに本人の肩書きにあたりますが、それを古代では「官職」と言いました。

次に「位階」の説明にうつります。これは「正一位《しょういちい》」から始まって「従一位《じゅいちい》」「正二位」……と下がり、正四位からはおのおの「上」と「下」にわかれて、最下位は「少初位下《しょうそいのげ》」まで、合計三〇階のランクがありました（表7）。現代の等級号俸に近いと言ったのは、古代の官人の給料は、この位階によって決められていたからです。

ところが、古代と現代の制度には大きな違いがありました。簡単に言えば、給料計算の基準です。現代では、「肩書き」があり、それに対応する「等級号俸」があり給料が決まる、というように仕事に見合う金額が定まっていますが、古代はそうではありません。位階と官職の説明をしましたが、この二つは必ずしも対応せずに、官人の給料は位階によって決まります。つまり、「どのような官職についているか」に関係なく「その人が何位の位階をもっているか」によって給料が決まってしまうのです。少し結論を急ぎすぎました。改めて説明しましょう。

古代の位階と官職とは密接に関連はしますが、本来は別の制度と見るべきなのです。位階は、官人社会の中での個人の序列を示し、一方の官職は仕事の役割分担なのです。そして、この二つは「官位相当」という形でつながっているわけです。官位相当とは「官職と位階は相当する」という意味ですが、実際には「ある官人が何位の位階をもっていれば、官職としてはおおよそどのポストが相応《ふさわ》しいか」というたんなる「目安」にすぎません。

例を挙げましょう（表8）。一人の官人が「従五位下」の位階をもっていたとします。その場合、各役所ではどれくらいの官職に相当するかと言えば、神祇官《じんぎかん》ならば「大副《だいすけ》」、式部省などの八省ならば「少輔《しょうすけ》」、陰陽寮《おんみょうりょう》といった役所ならば「頭《かみ》」、国司ならば「守《かみ》」に対応する、ということが大宝律令の中に規定されています。つまり小さい役所ではカミ（長官）、大きい役所ではスケ（次官）クラスだ、というわけです。ところが、これはあくまでも「目安」であって、実際に彼が陰陽寮に勤務することになったとしても、カミの空きがないので、しばらくスケに止めおかれる、といったケースは決して珍しくありませんでした。ところが、彼がカミとして仕事をしてもスケであっても、給料は変わりません。「従五位下」の位階でもらうからです。今で言えば、会社の部長でも課長でも給料は関係

表8　官位相当表

| 官司 | | 正一位 | 従一位 | 正二位 | 従二位 | 正三位 | 従三位 | 正四位上 | 正四位下 | 従四位上 | 従四位下 | 正五位上 | 正五位下 | 従五位上 | 従五位下 | 正六位上 | 正六位下 |
|---|---|---|---|---|---|---|---|---|---|---|---|---|---|---|---|---|---|
| 官 | 神祇官 | | | | | | | | | | 伯 | | | | 大副 | 少副 | |
| | 太政官 | 太政大臣 | | 左大臣 | 右大臣 | 大納言 | | | | 大弁 | | 中弁 | 少弁 | | 少納言 | 大史 | |
| 省 | 中務省 | | | | | | | 卿 | | | | 大輔 | | 少輔 | 侍従 | 大内記 | 大丞 |
| | 他の七省＊ | | | | | | | | 卿 | | | | 大輔 | | 少輔 | | 大丞 |
| 職・坊 | 中宮職<br>春宮坊 | | | | | | | 皇太子傅 | | | 大夫 | | | | 亮<br>皇太子学士 | | |
| | 大膳職<br>京職<br>摂津職 | | | | | | | | | | | 大夫 | | | 亮 | | |
| 寮 | 大寮 | | | | | | | | | | | | | 頭 | | | 助<br>大学博士 |
| | 小寮 | | | | | | | | | | | | | | 頭 | | |
| 司 | 大司 | | | | | | | | | | | | | | | 奉膳正 | |
| | 中司 | | | | | | | | | | | | | | | | 正 |
| | 小司 | | | | | | | | | | | | | | | | |
| | 下司 | | | | | | | | | | | | | | | | |
| | 弾正台 | | | | | | | | | 尹 | | | 弼 | | | 大忠 | 少忠 |
| 府 | 衛門<br>衛士 | | | | | | | | | | | 督 | | | 佐 | | |
| | 兵衛 | | | | | | | | | | | | | 督 | | | 佐 |
| | 大宰府 | | | | | | 帥 | | | | | 大弐 | | | 少弐 | | 大監 |
| 国 | 大国 | | | | | | | | | | | | | 守 | | | 介 |
| | 上国 | | | | | | | | | | | | | | 守 | | |
| | 中国 | | | | | | | | | | | | | | | | 守 |
| | 下国 | | | | | | | | | | | | | | | | |

＊式部省・治部省・民部省・兵部省・刑部省・大蔵省・宮内省

| 従六位 | | 正七位 | | 従七位 | | 正八位 | | 従八位 | | 大初位 | | 少初位 | |
|---|---|---|---|---|---|---|---|---|---|---|---|---|---|
| 上 | 下 | 上 | 下 | 上 | 下 | 上 | 下 | 上 | 下 | 上 | 下 | 上 | 下 |
| 大祐 | 少祐 | | | | | | 大史 | 少史 | | | | | |
| | | 大外記 少史 | | 少外記 | | | | | | | | | |
| 少丞 | | 中内記 大録 | | | | 少内記 少録 | | | | | | | |
| 少丞 | | 大録 | | | | 少録 | | | | | | | |
| 大進 | 少進 | | | | | | 大属 | 少属 | | | | | |
| | 大進 | 少進 | | | | | | 少属 | | | | | |
| | | | 大允 助教 | 少允 音・書・算博士 | | | | 大属 | 少属 | | | | |
| 助 | | | 医・陰陽・天文博士 | 允 陰陽師 暦博士 | 医師 | | | | 大属 | 少属 | | | |
| | | | | | 佑 典膳 | | | | | 令史 | | | |
| | | | | | | 佑 | | | | | 令史 | | |
| 正 | | | | | | | 佑 | | | | | 令史 | |
| | 正 | | | | | | | | | | | | 令史 |
| | | 大疏 | | | | 少疏 | | | | | | | |
| | 大尉 | 少尉 | | | | | 大志 | 少志 | | | | | |
| | | | 大尉 | 少尉 | | | | 大志 | 少志 | | | | |
| 少監 | | 大典 | | | 博士 | 少典 | | | | | | | |
| | | | 大掾 | 少掾 | | | | 大目 | 少目 | | | | |
| 介 | | | | 掾 | | | | | 目 | | | | |
| | | | | | | 掾 | | | | | 目 | | |
| | | 守 | | | | | | | | | | 目 | |

ないことになります。私なら「同じ給料がもらえるなら、責任のない楽なポストの方がいいなあ」と思ってしまいます。

その極端な例があります。たまたま、官人数と官職の定員との関係で、ポストにあぶれるケースが考えられます。今なら仕事がなければ「リストラ」されますが、古代の官人の世界ではそうではありません。位階をもっていながら官職についていない人のことを「散位《さんい》」と言い、れっきとした官人なのです。彼らは毎日「散位寮」という役所に出勤しますが、仕事がないので日中はブラブラして夕方に帰宅します。それでも、散位の人たちは位階をもっていますから、給料は位階に応じた満額がもらえるのです。うらやましい！　「古代の窓際族」！

このように見てくると、古代の官人の世界では、「官職」よりも「位階」の方が優先していたことがわかります。『続日本紀』の編纂者として記された官人の正式肩書を例として挙げてみましょう。

「従四位下行民部大輔兼左兵衛督皇太子学士菅野朝臣真道」

氏名：菅野《すがのの》朝臣《あそん》真道《まみち》

位階：従四位下《じゅしいのげ》

官職：民部大輔《みんぶのだいすけ》&左兵衛督《さひょうえのかみ》&皇太子学士《こうたいしがくし》

となります。位階が最初にくるのは、それが最も重要だからです。位階と官職の間に「行《ぎょう》」という文字がありますが、これは「官位相当しない」という意味です。彼のついている官職「民部大輔」は

「正五位下」相当のポストなので、自分のもっている位階よりは低い官職についていることを示すのが「行」で、逆の場合には「守《しゅ》」という字が入ります。彼が無能だったから冷遇されたわけではありません。左兵衛府の長官と皇太子の教育係も兼ね、国家の歴史書をまとめるほど優秀な人物です。これを見ても、位階と官職のズレはごく普通のことだったことがわかります。

少々細かい話になりましたが、古代の官人にとって、最も大事なのは「位階」である、ということを確認して、先に進みましょう。

## 考課と選叙

この頃の　わが恋力《こいちから》　記《しる》し集《つ》め　功《くう》に申《もう》さば　五位の冠《かがふり》

これは万葉集（巻第一六）に載っている恋愛の歌です。「この頃のあなたに対する私の恋の力は大変なものです。その恋ごころを記録として集めて勤務評定《きんむひょうてい》をしてもらったならば、おそらく五位の冠をもらうことができるでしょう」という意味です。以下では、この歌を材料にしながら「位階」についてもう少し説明してみましょう。

まず第一に注目したいのは、勤務評定をするという点です。少し意外かもしれませんが、奈良時代の官人は毎年、自分が所属する役所の長官から勤務評定（これを「考課《こうか》」と言います）をうけていました。年間の出勤日数が合計して何日、その間に行《おこな》った仕事がこれこれで、総合して「中上」とか、

「中中」といった評価が下されたのです。評価のされ方は、おおよそ常勤職員は九段階評価（上上〜下下）、非常勤職員が三段階評価（上・中・下）でした。

いつの時代も同じですが、人が人を評価するというのはとても難しいことです。学校の成績が良い人・スポーツができる人・性格が良い人の三人がいたとして、「誰が優れているか？」を簡単に決めることはできないでしょう？　しかも評価する人の好みとか、個人的な関係があるかないか、といったことも混じってくると、ますます評価の「客観性」が難しくなります。

古代でも、そうした苦労があったようで、官人の勤務評定にあたって、長官の個人的な判断が入り込まないように、評価する時のポイントを決めていました。「人徳があること」「潔癖であること」「公平であること」「真面目であること」の官人としての資質《ししつ》四ポイント、それと官人がいまやっている仕事上のポイント（陰陽師《おんみょうじ》であれば「まじないが上手なこと」など）が一つの合計五ポイントのうち何点とれるかで評価が決まっていました。一ポイントなら「中中」、二ポイントで「中上」、三ポイントで「上下」…といった具合です。規則はそうなっていましたが、実際はどうだったのでしょうか。

このような毎年の考課を積み重ねると、四〜六年に一回の割合で昇進の機会がめぐってきます。たとえば、常勤職員で四年間すべて「中中」だったとすると、その人は翌年に位階が一つ上がり、四年すべて「中上」であれば三階上がって、給料が少し増えるという仕組みでした。毎年の「考課」に対して、位階が昇進することを「選叙《せんじょ》」と言います。

右に説明したようなことは律令にこと細かく書いてあります。一三〇〇年も前にそんなことが実際にちゃんと行われたのだろうか？　という疑問があるかもしれませんが、平城宮跡から発掘された木簡の中に勤務評定のことを書いたものがあって、実状がわかってきました。例を挙げましょう。

A　下等　兵部省使部従八位下……年六十 右京　上日百……

B　少初位下高屋連家麻呂　年五十 右京　六考日并千九十九 六年中

ともに非常勤職員の例ですが、Aは毎年の考課の木簡です。「……」のところは墨が薄くなっていて読めません。対象者は、兵部省《ひょうぶしょう》の使部《つかいべ》である従八位下の……（人名）、年齢六〇歳、右京に住み、一年間の出勤日数（上日《じょうじつ》）が百……日であったことがわかります。冒頭の「下等」がこの年の評価で、三段階の「下」だったことを示します。いちど「下」を取ってしまうと位階の昇進は絶望的で、年老いた彼がその後どうなったのか、他人事《ひとごと》ながらちょっと心配になってしまいます。

Bは選叙の木簡です。少初位下の高屋連家麻呂《たかやのむらじやかまろ》、年齢五〇歳、右京に住む。彼の六年間の出勤日（六考日）の合計が一〇九九日で、その間の評価が毎年「中」だったことを示します。彼は規定によれば翌年に一階上がって「少初位上」になったはずです。

このように、官人一人ごとに考課と選叙の木簡がつくられていたことが多数の木簡からわかり、細かくて厳密な作業が実際に行われていたことが確かめられたのです。

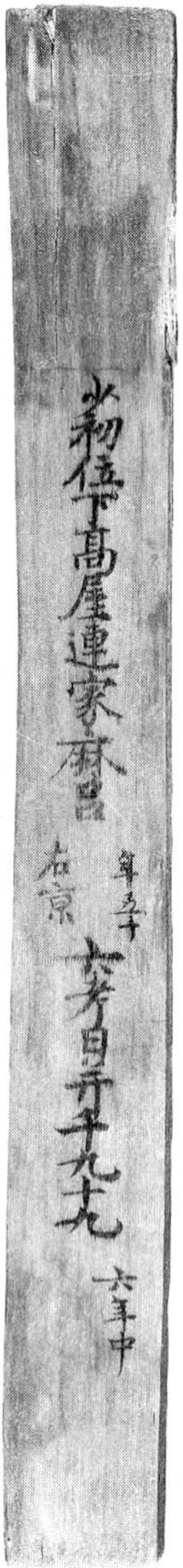

図28　高屋連家麻呂選叙木簡

## 五位の待遇

先の歌のもう一つのキーワードは「五位の冠」です。冠とは位階のことを指します。

平城京にどれくらいの官人が住んでいたかということは実は問題なのですが、ひとまず一～二万人とします。その官人はすべて、位階によって序列が決まっていました。位階が「正一位」から「少初位下」まで合計三〇階あること、官人たちは自分の位階に相応しい官職につき、給料は位階に応じてもらえることを先に述べました。では、当時の位階ごとの違いとはどのようなものだったのでしょうか。

まず、官人の給料を比べてみます。当時の給料は、お金ではなくて、布・綿・鉄などでもらいました。それは、公民《こうみん》から集められる調庸といった税がお金ではなくて、さまざまな品物だったからです。全国から都に納められた税の品物が、そのままの形で官人の給料として支給されました。官人から見れば、鍬《くわ》とか鉄をもらっても困るでしょうが、そのために平城京に設置された公設市場が「東市」「西市」なのです。つまり、市に鍬や鉄などを持ち込んで、野菜や魚などを買って生活していたのでしょう。

さて、官人が位階に応じて一年間にもらった給料の品々と、それら全部を米に換算して合計した量を示し、さらに大体の見当をつけるために、現在の米価（一〇キロ＝五〇〇〇円としました）を掛け合わせて年収を円に推計してみました（表9）。

これによると、三位以上、今で言えば閣僚クラスは年収一億円を超えます。四位で四〜五〇〇〇万円、五位で二〇〇〇万円前後、そして六位になると、ガクっと下がって一六五万円しかありません。最下位の少初位下では六〇万円となります。つまり、五位と六位の間に決定的な断絶があるのです。「六位以下の年収では暮らしていけるのかしら？」と思うかもしれませんが、彼らはちゃんと口分田をもらい、税金を免除され、その上で少ないとはいえ給料をもらうのですから、公民に比べれば、はるかに恵まれた地位ではありました。ご心配なく。

給料だけではなく、官人としてのさまざまな面で、五位以上は特権が認められていました。そもそも、「貴族」とは五位以上の官人を指す言葉だったのです。これに対して六位以下には、当時の適切な用語がないので、「下級官人」と称しています。貴族と下級官人の待遇の違いをいくつか紹介してみましょう。たとえば、仕事をする時に、貴族は机と椅子《いす》でしますが、下級官人は床《ゆか》に敷物をしいた上で、となります。また、交替で役所に宿直《しゆくちよく》をすることになっていますが、貴族は免除されました。さらに、軽犯罪を犯した場合、貴族はお金を払って執行猶予ということができますが、下級官人には

| 絁(疋) | 綿(屯) | 季禄 布(端) | 糸(絇) | 鍬(口) | 鉄(延) | 米換算(石) | 概算(万円) |
|---|---|---|---|---|---|---|---|
| 60 | 30 | 200 | 30 | 140 | 56 | 3645 | 2億7387 |
| 60 | 30 | 200 | 30 | 140 | 56 | 3286 | 2億4645 |
| 40 | 20 | 120 | 20 | 100 | 40 | 2548 | 1億9110 |
| 40 | 20 | 120 | 20 | 100 | 40 | 2250 | 1億6875 |
| 28 | 14 | 84 | 14 | 80 | 32 | 1687 | 1億2653 |
| 24 | 12 | 72 | 12 | 60 | 24 | 1364 | 1億 230 |
| 16 | 8 | 44 | 8 | 40 | 16 | 662 | 4965 |
| 16 | 8 | 44 | 8 | 40 | 16 | 662 | 4965 |
| 14 | 7 | 36 | 7 | 30 | 12 | 552 | 4140 |
| 14 | 7 | 36 | 7 | 30 | 12 | 552 | 4140 |
| 10 | 5 | 24 | 5 | 20 | 8 | 362 | 2715 |
| 10 | 5 | 24 | 5 | 20 | 8 | 362 | 2715 |
| 8 | 4 | 20 | 4 | 20 | 8 | 255 | 1913 |
| 8 | 4 | 20 | 4 | 20 | 8 | 255 | 1913 |
| 6 | 3 | 10 | 3 | 15 | 6 | 22 | 165 |
| 6 | 3 | 10 | 3 | 15 | 6 | 22 | 165 |
| 6 | 3 | 8 | 3 | 15 | 6 | 20 | 150 |
| 6 | 3 | 8 | 3 | 15 | 6 | 20 | 150 |
| 4 | 2 | 8 | 2 | 15 | 6 | 17 | 128 |
| 4 | 2 | 8 | 2 | 15 | 6 | 17 | 128 |
| 4 | 2 | 6 | 2 | 15 | 6 | 15 | 113 |
| 4 | 2 | 6 | 2 | 15 | 6 | 15 | 113 |
| 2 | 1 | 6 | 1 | 15 | 6 | 12 | 90 |
| 2 | 1 | 6 | 1 | 15 | 6 | 12 | 90 |
| 2 | 1 | 6 | 1 | 10 | 4 | 11 | 83 |
| 2 | 1 | 6 | 1 | 10 | 4 | 11 | 83 |
| 2 | 1 | 4 | 1 | 10 | 4 | 9 | 68 |
| 2 | 1 | 4 | 1 | 10 | 4 | 9 | 68 |
| 2 | 1 | 4 | 1 | 5 | 2 | 8 | 60 |
| 2 | 1 | 4 | 1 | 5 | 2 | 8 | 60 |

表9　官人の給料

| | 位田（町） | 位封（戸） | 位禄 絁（疋） | 綿（屯） | 布（端） | 庸布（常） |
|---|---|---|---|---|---|---|
| 正一位 | 80 | 300 | | | | |
| 従一位 | 74 | 260 | | | | |
| 正二位 | 60 | 200 | | | | |
| 従二位 | 54 | 170 | | | | |
| 正三位 | 40 | 130 | | | | |
| 従三位 | 34 | 100 | | | | |
| 正四位上 | 24 | | 10 | 10 | 50 | 360 |
| 四位下 | 24 | | 10 | 10 | 50 | 360 |
| 従四位上 | 20 | | 8 | 8 | 43 | 300 |
| 四位下 | 20 | | 8 | 8 | 43 | 300 |
| 正五位上 | 12 | | 6 | 6 | 36 | 240 |
| 五位下 | 12 | | 6 | 6 | 36 | 240 |
| 従五位上 | 8 | | 4 | 4 | 29 | 180 |
| 五位下 | 8 | | 4 | 4 | 29 | 180 |
| 正六位上 | | | | | | |
| 六位下 | | | | | | |
| 従六位上 | | | | | | |
| 六位下 | | | | | | |
| 正七位上 | | | | | | |
| 七位下 | | | | | | |
| 従七位上 | | | | | | |
| 七位下 | | | | | | |
| 正八位上 | | | | | | |
| 八位下 | | | | | | |
| 従八位上 | | | | | | |
| 八位下 | | | | | | |
| 大初位上 | | | | | | |
| 初位下 | | | | | | |
| 少初位上 | | | | | | |
| 初位下 | | | | | | |

認められません。このように、一事が万事、五位以上かどうかでわかれるのです。

平城京の官人が一〜二万人くらいだと述べましたが、そのうち五位以上の貴族はというと、おおよそ一〇〇〜二〇〇人ほどの一握りの人たちにすぎませんでした。

ですから、当時の官人たちは何とかまじめに働いて、位階を昇進させることを目指しました。しかし、無位《むい》（まだ位階のない地位）からスタートして、順調に出世したとしても、定年まではとうてい五位には到達しませんでした。かりに、非常に優秀かつ勤勉な仕事ぶりで正六位上まで昇進した下級官人がいたとします。彼がその後の数年間もしっかりと考課を重ねて選叙をむかえるとどうなるか？じつは、六位から五位に上がる時には、先に説明した昇進の計算方式は適用されません。そこでは「五位の仲間入りに相応《ふさわ》しいかどうか」という個別の審査があって、これに通らないと五位にはなれませんでした。そして、その審査では「家柄《いえがら》」が特に問題で、家柄が高くない人にとっては、非常にハードルが高かったのです。

では、どういう人が五位の位をもらえるかというと、「高貴な家柄」の者であり、「親の七光り」があるかどうかが問題なのです。貴族の子供は、最初に役所に勤める時に、何の実績も能力もなくとも七位とか八位という途中からスタートできるという「蔭位《おんい》」という特権が認められていました。彼らは、無位からスタートする他の人々と違って若くして六位に到達し、いずれは五位以上にのぼってゆく、つまり、家柄の良い者がうまく再生産される仕組みだったのです。

こうなると、「親の七光り」のない下級官人にとっては、「五位」というのは現実にはとうてい実現できない夢のような地位だったのです。前項の最初に挙げた万葉歌を歌った人はおそらくは下級官人で、自らの境遇を嘆きつつ、恋人に対して、「これほどあなたを想っている」という強いたとえとして「五位の冠」を持ち出したに違いありません。……なんだか、官人の悲哀を感じませんか？

# 3　官人の生活

### 宅地班給

平城京の住民の多くは官人たちであると言いましたが、彼らは毎日、平城宮内にある自分の役所に通勤するために、近くに住む必要があったわけです。朝早くに家を出て、平城宮まで歩き、門が開くといっせいに朝堂院《ちょうどういん》や曹司《ぞうし》に向かい仕事にかかりました。そのために、官人たちに対しては、国家から平城京内に土地が支給（貸与）されました。これを宅地班給《たくちはんきゅう》と言います。そうすると、官人たちは、どの場所に、どれくらいの広さの土地をもらったのか、が問題となります。平城京の前の藤原京については、官人の位階ごとにもらえる宅地の広さが決められていたことが『日本書紀』に書いてあります。当然、平城京でも位階の序列にしたがった班給が行われたはずですが、その基準については史料に明記されていません。そこで、この平城京における宅地班給の基準を解明するためにいくつかの研究が積み重ねられてきました。

奈良時代の有名人が平城京のどのあたりに住んでいたのかがわかる例がいくつかあります。たとえば、発掘で明らかになった長屋王《ながやおう》の邸宅は、「左京三条二坊」という一画に四町の広さでした。ここで住居表示の仕方も説明しておきましょう。平城京は条坊道路によって区画されていますが、

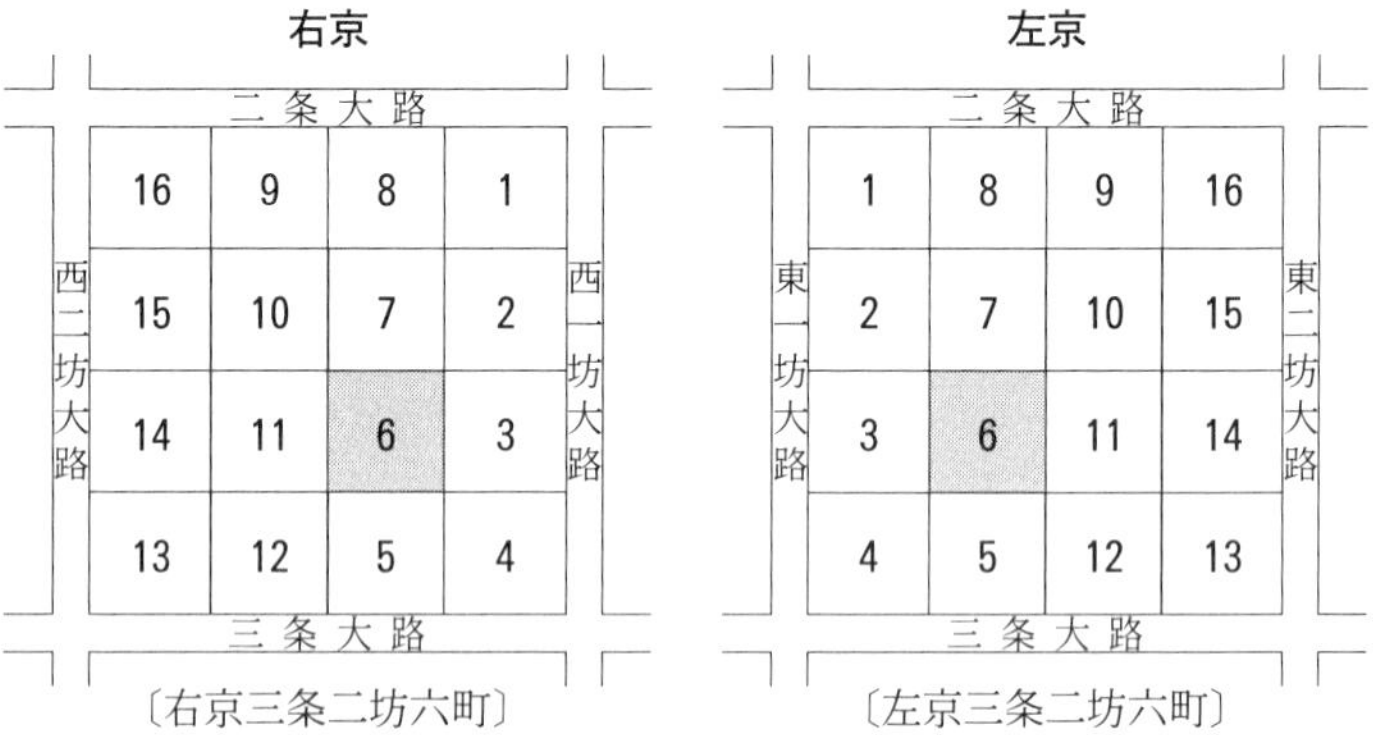


図29　平城京の坪割

京内の地名の呼称として「左京三条二坊」といえば、左京の三条大路と二坊大路の内側ということで、図29のようになります。これが「一坊」で四周が大路で囲まれた一辺約五三〇㍍の広さです。この坊が一六等分され、その一つ分が「一町」で、広さは道路に取られる分を除くと一万五〇〇〇平方㍍（約五〇〇〇坪）ほどになります。長屋王宅は、左京三条二坊のうちの西北四分の一を占めていて、今で言えば二万坪という広大な敷地となります。

長屋王以外では、藤原不比等《ふひと》の宅地は後に娘の光明《こうみょう》皇后の意向で法華寺《ほっけじ》となりますから左京二条二坊のあたり、不比等の孫で奈良時代後半に絶大な権力を握った藤原仲麻呂の宅地は左京四条二坊の東半分、新田部《にいたべ》親王の宅地はその死後に鑑《がん》真《じん》の寺である唐招提寺《とうしょうだいじ》となりますから右京五条二坊の北部、といったいくつかの場所がわかります。いずれもトップクラスの人物ですから、支給された土地の面積も広く、また平城宮に比較的近い所にあることがわかるでしょう。

これに対して、下級官人の宅地はどちらかと言えば、平城京の南の方に多く集まっていました。なぜわかるかと言えば、正倉院に残る文書に彼らの借金証文がいくつか残っているからです（正倉院文書については次講で述べます）。

それらによれば、従八位上の大宅童子《おおやけのどうじ》は左京八条三坊に「十六分之一」の土地をもっており、少初位下の山部針間麻呂《やまべのはりままろ》は左京八条四坊に「十六分之半」の土地があり、それを「質《しち》」として事務所に給料の前借りを申し込んでいるのです。こうした史料によると、当時の下級官人たちは平城宮よりも遠い所に多く住んでいて、その宅地の面積もわかります。「十六分之一」とは一町の一六分の一つまり三〇〇坪ほどとなり、「十六分之半」とはその半分という意味です。

こうした例から総合的に判断すると、平城京の宅地班給は、おおよそ次のような基準に基づいて実施されたようです。つまり、五位以上の貴族は平城宮に近い五条大路よりも北に宅地をもらい、その面積は一町以上であった。一方、下級官人はより遠い南の坊に集中し、その面積は一六分の一町が一つの基準で、それより狭い場合もあった、と。そして、この考えは、発掘調査によっても裏付けられています。つまり、これまで調査された平城京の発掘で、一町以上の広い敷地をもった宅地は、ほぼ例外なく五条大路よりも北にあり、そこから南にゆくにしたがって狭い宅地が確認されているのです。

京の南のはずれに住む下級官人は、夜明け前に起きて一時間以上も歩いて平城宮に通ったのですが、長屋王や藤原不比等は朝寝坊しても十分間に合う距離に広大な敷地をもらっていたわけです。このように、位階による官人の序列は、その住まいにもはっきりと表れていました。

## 勤務の実態

官人たちは毎年勤務評定をうけていたこと、そこでは出勤日数と勤務内容がチェックされたことを述べました。ここでは出勤日数について補足します。

一年三六〇日（当時は陰暦ですから三六五日ではありません）のうち、出勤しなければならない日数が、律令に定められています。常勤職員は二四〇日以上、非常勤職員は一四〇日以上、貴族の屋敷内で働くトネリ（舎人・帳内・資人）と呼ばれる人たちは二〇〇日以上、となっています。実際にはどうだったのでしょうか。

これも木簡が発見されるにつれて、さまざまなデータが増えて、その実態がわかってきました。長屋王家で舎人《とねり》として働いた出雲臣安麻呂《いずものおみやすまろ》という人の勤務評定の木簡が、長屋王宅で発見されました。それが次の一点です（図30）。

C　無位出雲臣安麻呂 年廿九 山背国乙当郡　上日 日三百廿 夕百八十五　并五百五

彼はトネリですが、まだ位階がないので「無位《むい》」という地位です。年齢二九歳、山背国《やましろ》乙当郡《おたぎ》（＝山城国愛宕郡、今の京都市の一部）出身。一年間の上日（出勤日数）が「日勤」が三二〇日で、「夜勤」が一八五日、合計五〇五日というものです。木簡は上端が折れているのでわかりませんが、上の部分に評価「上・中・下」が書き込まれたのでしょう。トネリは「住み込み」で勤務するためでしょうか、夜勤まで記録されました。それにしても、ほとんど休みなく働きづめのようです。これだけ一所懸命に働いた安麻呂はその後、どのような人生を送ったのでしょうか。普通はこうした名もない人については他には何もわからないのですが、彼は偶然にも、もう一度史料に顔を出します。正倉院に残る計帳に登場するのです。神亀三年の山背国愛宕郡計帳に「大初位下、北宮帳内、四十二歳」と見えます。

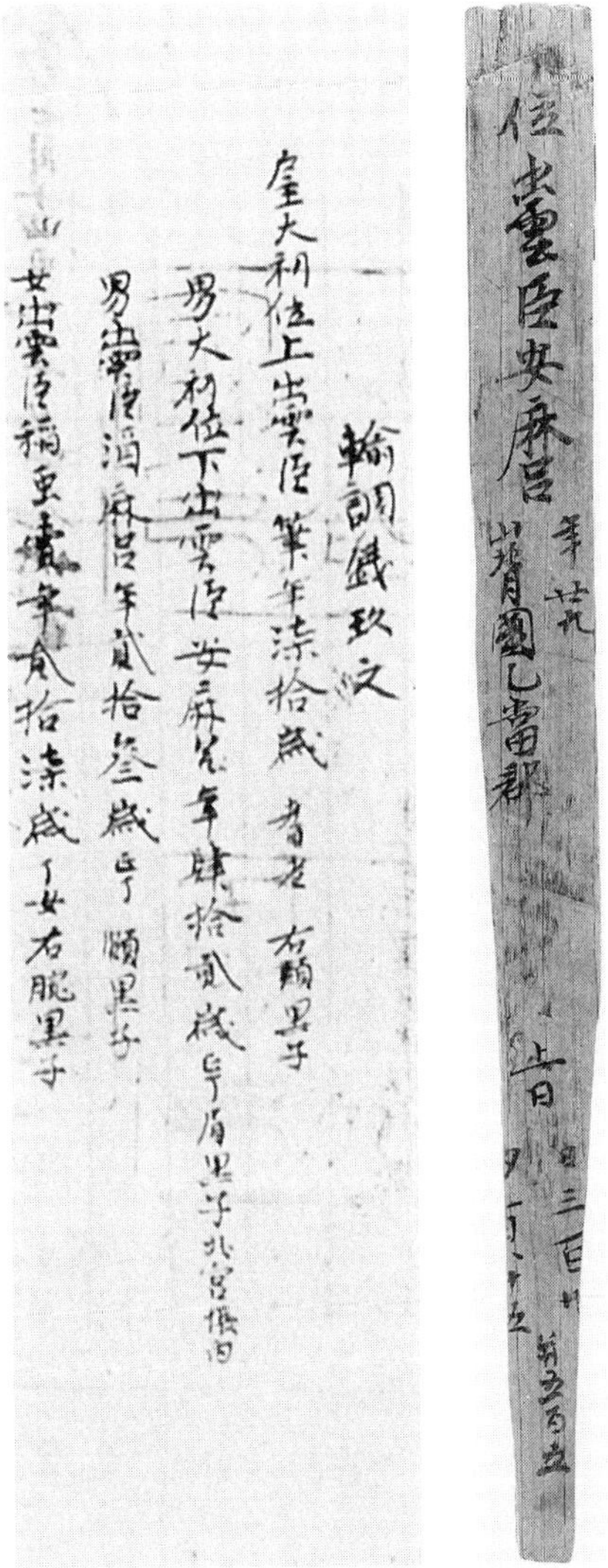

図30　出雲臣安麻呂木簡と計帳

神亀三年は七二六年で、年齢から計算すると木簡の一三年後となり、「北宮帳内《とねり》」とは長屋王家のトネリということです。時に彼は「大初位下」の位階をもちながら、長屋王家で働き続けていたわけです。あれだけハードな働きをしながら、この間にわずか三階しか位階が上がっていないことがわかりました。

安麻呂の待遇は例外ではありません。長屋王家の他のトネリの勤務状況も彼と変わりはありませんし、一三年で三階昇進というのも平均的なのかもしれません。また、長屋王家だけでなく、正倉院文書の写経所で働く下級官人たちも同様で、やはり連日の勤務を続けていました。そうなると、律令の規定でいうトネリは二〇〇日以上という上日数はあくまでも最低限度を示しているだけであって、実際には下級官人は規定をはるかに超えて働いているのが普通だったのでしょう。先に挙げたAの木簡で、「下」と評価された兵部省の官人は、非常勤なので一四〇日以上という条件はクリアしたけれど、二〇〇日にも満たなかったわけで、そのために厳しい評価を受けたのかもしれません。

## 休暇と病気

木簡とともに正倉院文書からも下級官人の実態がわかるのだという話をしましたが、もう少しその点を述べましょう。東大寺で写経をする下級官人（写経生）の書いた「休暇願」の文書がやはり正倉院に残っています。たとえば、次のようなもの。

三嶋子《みしまのこ》公《きみ》、解《げ》し申す、暇《か》を請《こ》う事。合わせて三か日。右、下痢《げり》となるによりて、件の暇、請うところ、前のごとし。もって解す。

（三嶋子公が申し上げます。休暇の申し込みについて。合計三日。右のことについては、下痢が止まらないので、休暇を請求する次第です。以上申し上げます）

といった内容です。こうした休暇願が二〇〇通以上もあるために、そのデータを集計すると、奈良時代の下級官人はどのような理由で休みをとっていたのか、病気の場合はどのような病気か、休みの頻度はどれくらいか、といったことがきわめて具体的にわかるのです。

ここでは、研究の成果をまとめた一覧表を示しましょう（表10・11）。休暇の理由として最も多いのは本人の病気で、それに次ぐのは仕事の切れ目です。これは写経という仕事の性質を反映しているのかもしれません。ほかに「神祭・仏事」といった項目があり、これは自分の村に帰って氏神のまつりや法事に参加するというもので、彼らは都市に住みながらもまだ田舎とのつながりが強かったことを示しています。病気の中では、下痢・赤痢が最も多く、足病、瘡腫《できもの》・腹病などがそれに次ぐことがわかります。衛生環境がかなり悪かったことと、写経という座ったままで長時間仕事をするための職業病が多いように思います。このような劣悪な条件の下で、ひたすら仕事にはげんでいた姿が思い浮かびます。

そうした下級官人たちの「待遇改善要求書」というものが一点だけ正倉院に残っているので、この節の最後に紹介しましょう（図31）。要求項目は以下の六つです。

一、写経生の新規採用をしばらく見合わせて欲しい。我々の仕事が減るから。

二、去年、作業服が支給されたが、何度洗っても臭いので、新しいのを支給して欲しい。

三、一ヵ月に五日ほどの休暇を認めて欲しい。

四、仕事中に出される食事がまずいので、せめて中程度のものにして欲しい。

五、毎日机に向かって写経していると胸が痛み足がしびれる。だから薬として三日に一度、酒を支

表10　休暇請求の理由

| 理　　由 | | 件数 |
|---|---|---|
| 病気 | 写経生本人 | 85 |
| | 妻子父母 | 8 |
| | その他の親族 | 4 |
| 死亡 | 妻子父母 | 4 |
| | その他の親族 | 8 |
| 神祭・仏事 | | 22 |
| 計帳・田租をたてまつる | | 3 |
| 盗人に入られる | | 3 |
| 仕事の切れ目 | | 52 |
| 衣服の洗濯 | | 13 |
| 私的な理由 | | 7 |
| その他（内訳省略） | | 11 |
| 不明 | | 28 |
| 計 | | 248 |

複数の理由が挙げられている場合は両方で件数に入れた．

表11　写経生の病気の内訳

| 病　　名 | 件数 |
|---|---|
| 赤痢・疫痢・痢病・下痢 | 21 |
| 腹病 | 8 |
| 瘡瘇 | 11 |
| 足病 | 14 |
| 腰病 | 2 |
| 胸病 | 4 |
| 頭病 | 3 |
| 身瘦・不堪身力・身疲痛苦 | 3 |
| 目病・嗽病・気上・霍乱・冷病・享痛・咳咽之病・頭腹痛苦 | 各1 |
| 不明 | 14 |

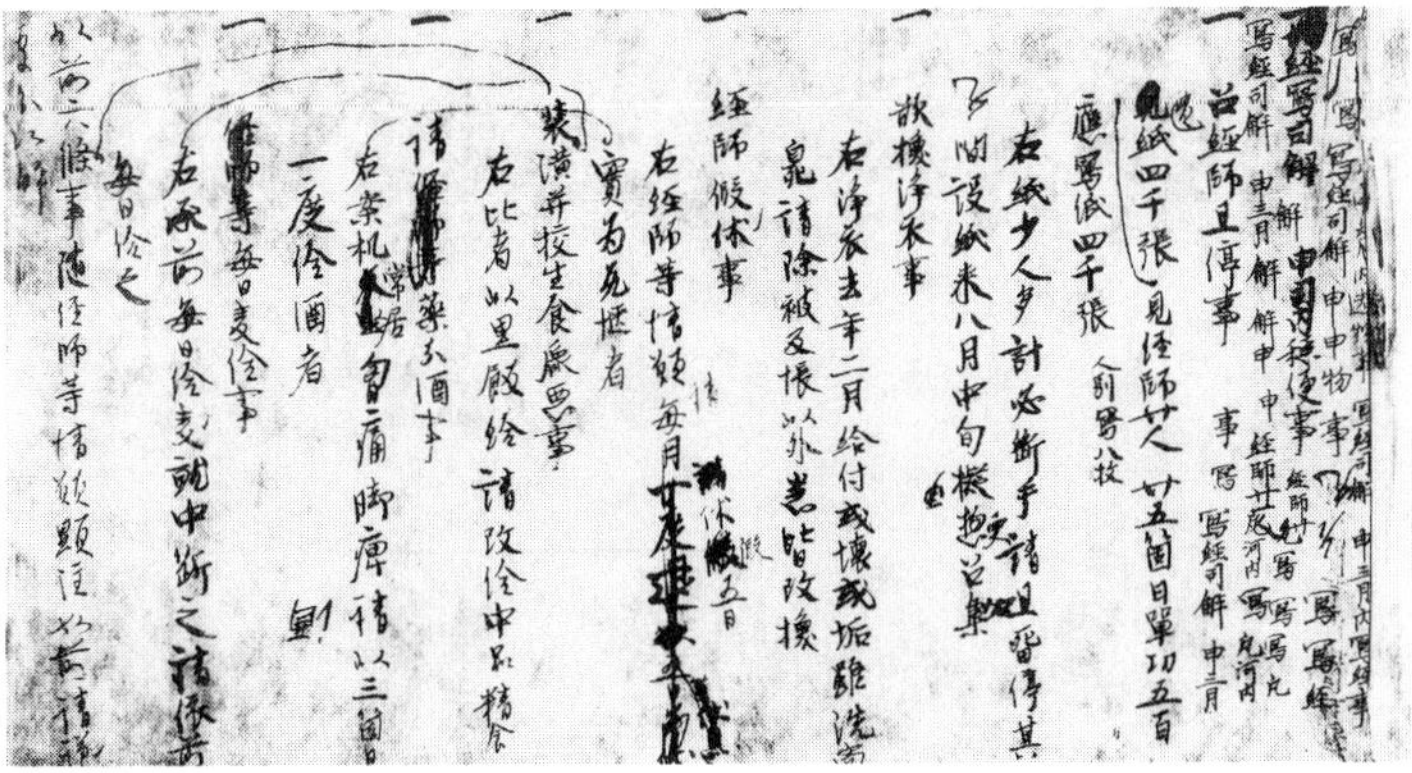

図31　待遇改善要求書（写経司解案）（正倉院宝物）

給して欲しい。

六、以前は間食として麦が支給されたが、最近は中断している。是非、これを復活して欲しい。

なかなか切実な要求で、私も「五」については全く同感です。もっとも、これは役所に正式に提出されたものではないようで、下級官人たちが休憩中の冗談話をイタズラで書き留めたものと考えられます。しかし、それだからこそ彼らの気持ちとその環境がよくわかるような文章になっているのではないでしょうか。

## 4　官人の群像

最後に、ここまで述べてきたことをふまえて、具体的な三人の官人の歩みを紹介してみましょう。取り上げるのは上馬養《かみのうまかい》・石川年足《としたり》・藤原豊成《とよなり》の三人で、藤原豊成は藤原仲麻呂の兄にあたりますが、他はあまり知られてはいない人物です。

## モーレツ事務官の出世

**上馬養**　七一八年（養老二）の生まれ、七三九年以前に東大寺の写経所に勤め「校生《こうせい》」となる。七五〇年ようやく無位から「少初位下」の位階を得て、写経用紙の出納などにあたる。七五九年従八位下で、このころ「案主《あんず》」という地位につく。七六五年に正八位下だったが、七七〇年には正六位下にまで昇進した。七七四年正六位上で「造東大寺司主典《ぞうとうだいじしゅてん》」に抜擢される。七七六年以後の消息は不明。

彼は、名もない下級官人の一人でした。最初に勤めた東大寺写経所の「校生」というのは、写経した文字に間違いがないかどうかをチェックする「校正」をする人のことです。写経生は字がうまくないといけないので、写経生を募集するときにはテストがありました。「試字《しじ》」と言われ、お経の数行を試し書きした紙を提出し、その出来によって三つに区分されたのです。最も字の上手な人は「題《だい》師《し》」といって、お経の題（タイトル）だけを専門に書く仕事につき、次にうまい人が「写経生《しゃきょうせい》」として本文の写経にあたります。そして字がうまくないと判断されると、「校生」となり写経生の写したお経の間違い探しに回されました。つまり、馬養はあまり字が上手ではなかったわけです。

しかし彼は事務能力が非常に高かったようです。そのためにやがて「案主」として写経事業の手配役に就任できたのでしょう。それにしても七六五年から七七〇年までの位階の昇進（八階）が異常です。これはおそらく、七六四年に起こった藤原仲麻呂の乱の前後の政治的混乱があって、その中で彼は「反仲麻呂派」についたために運が良かったのだと思います。そしてついに正六位上で造東大寺司主典にまで上りつめました。この官職は東大寺の事務局のサカンであり、ノンキャリアとしては全く異例の出世と言って良いものです。位階もいよいよ貴族まで「リーチ」となりました。しかし、消息がわかるのは七七六年までで、ついに従五位下にはなれませんでした。

つまり、馬養は下級官人としてはきわめて有能で、政局もうまく立ち回り、異例の出世をしながら、最後は家柄のカベを突破できなかった典型的な人物だったのです。

## 長生き貴族の念願

**石川朝臣年足**　六八八年の生まれ。七一〇年頃から官人となり、中央の下級官や地方官を転々とする。七三六年従五位下に昇進し、出雲守《かみ》として赴任して善政をほめられた。その後も順調に昇進し、七四九年には従四位下で、式部卿・紫微大弼《しびのだいすけ》・参議《さんぎ》となる。七五八年に正三位となり、七六二年に七四歳で亡くなった。

石川氏というのは蘇我《そが》氏の末裔《まつえい》で、かつては栄光を誇っていたのですが、大化改新以降には弱体化していました。奈良時代では、何とか五位以上にはなれるが、それ以上には行けない中流貴族といったランクでした。このクラスの氏の次の目標はと言えば議政官《ぎせいかん》（「公卿《くぎょう》」）になること、具体的には

「参議」以上の官職につくことです（第一講・二六頁）。それまでの石川氏はその一歩手前まで行きながら、そこで終わる官人ばかりで、議政官入りは氏全体の念願だったようです。

さて、その石川氏のホープが年足です。平城遷都前後から官人として勤めはじめ、さまざまな官職を経て、七三五年に四八歳で五位に到達し、さらに実績を重ねて順調に地位を上げていきました。そしてついに七四九年、六二歳で念願の参議となりました。石川一族の「快挙」と喜ばれたのでしょうね。これは年足の実力と実績によるもので、何も文句のつけようがありません。ただし、一つ気になるのは同じ時に兼務した「紫微大弼」という官職です。これはその頃権力を握りつつあった紫微令《しびれい》・藤原仲麻呂の次官なのです。つまり石川年足は、上馬養とは逆に完全な「仲麻呂派」であって、実力者・仲麻呂に取り入ることによって晩年になんとか参議に滑り込んだという感じがします。彼は七四歳まで長生きしますが、七六二年に亡くなったのはある意味で幸せだったと思います。もう二年長生きしていれば仲麻呂の乱に遭遇《そうぐう》し、そうなるとタダでは済まなかったでしょうから。

## 高級貴族の跡取り息子

**藤原朝臣豊成**　七〇四年の生まれ。七二三年に正六位下で、翌年に二一歳で従五位下にのぼる。七三七年には従四位下で参議、七四三年に従三位で中納言、七四八年に従二位で大納言、七四九年に右大臣となる。七五七年に弟の仲麻呂と対立して大宰府《だざいふ》に左遷されたが、七六四年に従一位で右大臣に

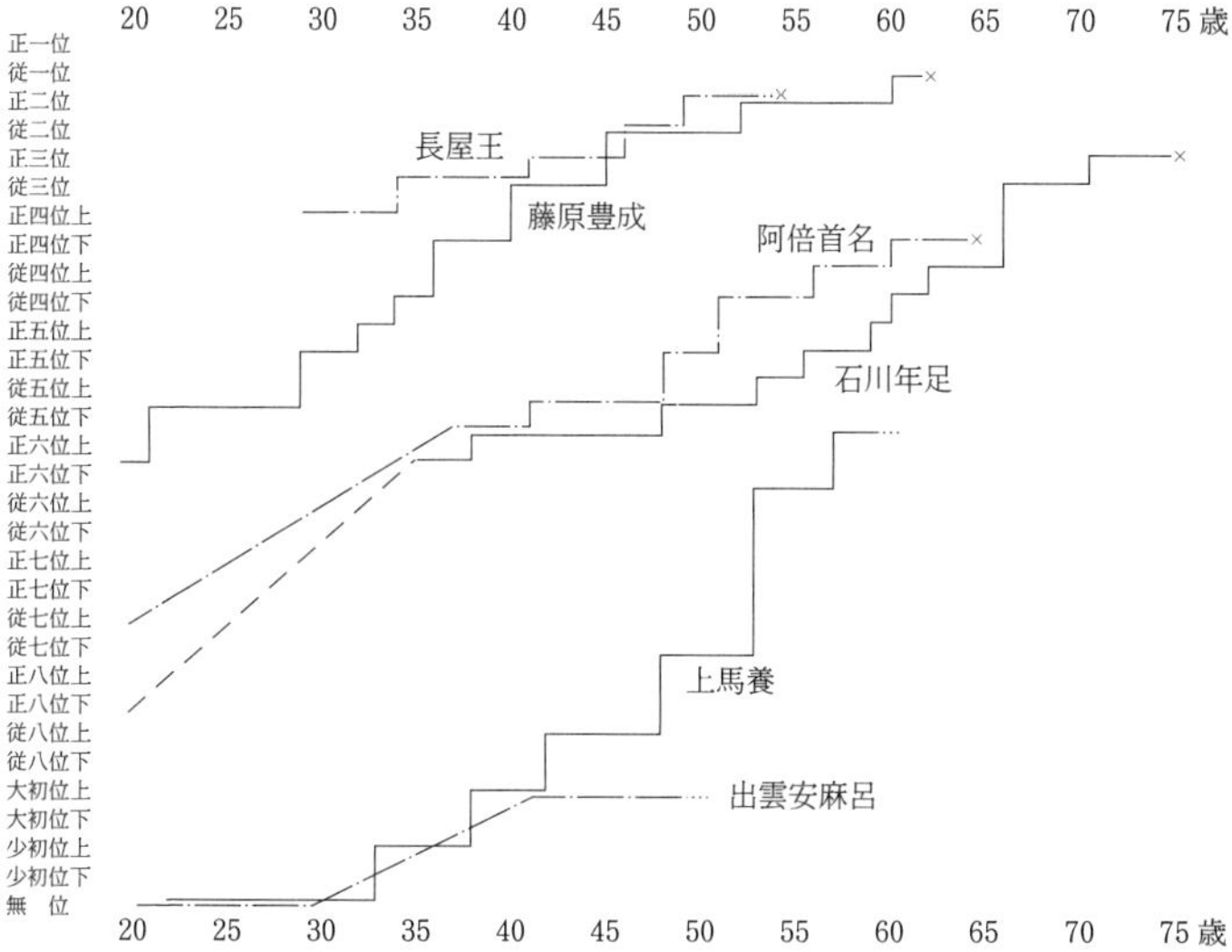


図32　官人の昇進状況

復帰し、翌年に亡くなった。

彼はエリート中のエリートです。祖父が律令国家の基礎をつくった藤原不比等、父はその嫡男でやはり政府のトップに立った藤原武《む》智《ち》麻《ま》呂《ろ》で、その長男として生まれました。二〇歳で正六位下からスタートし、二一歳で早くも五位を突破したのも、毛並みの良さ以外の何ものでもありません。しかし、かれはどうも良家のボンボンで、性格も穏やか、官人としては凡庸だったようです。それに引き替え、弟の仲麻呂は若いうちから光っていたのでしょう。よくいますよね、そういう兄弟。

異変が起こったのは七三七年、この年に大流行した天然痘《てんねんとう》の病によって、政府首班の父が急死し、三人の叔父たちも一挙に亡くなってしまいます。これは藤原氏にとっての大打撃で、若い豊成が一族全体を引っ張らなければならない立場となりました。そのため、三四歳で参議として公卿の仲間入りをしました。以後、着々と地位は上がりますが、自身の能力があまりないのと、後を追うように仲麻呂が実力を発揮してくると、居心地も悪かったのでしょう。七五七年には弟によって左遷され、弟が失脚すると元の地位に復帰しますが、翌年には亡くなってしまいます。彼の歩みを見ると、生まれながらのエリートも適性がないと、かえって気の毒な気がします。典型的な高級貴族の例として紹介しました。

以上の三人の他に、最も一般的な下級官人として出雲安麻呂なども加えて、年齢と位階の昇進状況の図を作りましたので、参考にしてください（図32）。官人の世界の階層の差が一目瞭然ではないでしょうか。

# 第七講　歴史のタカラモノ
## ――正倉院宝物――

螺鈿紫檀琵琶（正倉院宝物）

## 1　東大寺の正倉院

### 正倉院宝物を見たい

一九九二年、私は仕事の関係で二ヵ月、中国に滞在しました。唐の時代の副都・洛陽《らくよう》で発掘調査をすることと、中国各地の遺跡や博物館を見て回ることがおもな目的でした。この間、中国の考古学者が交替で案内をしてくださいました。

初めて訪れた中国の遺跡は、日本とは比べものにならない程に規模が大きく、また、博物館に展示してあるさまざまな文物も、はるかに技術が高く精緻で点数も豊富、圧倒される思いでした。遺跡では、たとえば明・清時代の皇帝の住まいであった北京の故宮や、秦の始皇帝《しこうてい》の墓に副葬された兵馬俑《へいばよう》など、日本とはまるで「けたはずれ」なのです。博物館に展示してある土器などの文物を例にすると、中国の中心部で発見されたものが格段に立派で出来がよく、地方にゆくにしたがって少しずつ質が落ち、朝鮮半島で出土したものはさらに劣るように見えました。しかしその朝鮮半島出土品でも、古代の日本の文物に比べたら立派なのです。

第九講で改めて述べる予定ですが、中華思想という考え方によれば、皇帝の徳が十分に及んでいる地域が中央にあり、そこから外側に放射状に広がるように、「冊封国《さくほうこく》」「朝貢国《ちょうこうこく》」「絶域《ぜついき》」という区分があって、徐々に皇帝の徳が薄れてゆくというのです。そうした区別が、考え方や政治的な外交だけではなくて、文化面にも表れ文物の違いとなっているという感想をいだきました。

短期間ですが、中国で発掘に参加してみると、日本ではめったに見ることのできないような、文様のあるレンガ（磚《せん》）などが毎日ゴロゴロと出てきて、びっくりしました。案内をしてくれた中国の考古学者も、ふだんはそうした遺跡の発掘をしているわけで、とても羨ましいと思ったものです。そんな彼らと次のような話をしました。

「私たちも是非日本に行って、さまざまな文物を見てみたいと思います」

「でも、日本では中国に比べたら文物の質も量も、はるかに落ちますよ。藤ノ木古墳の出土品とか高松塚古墳の壁画といっても、それほど驚かないでしょう？」

「それはそうですが……」

「日本で是非ごらんになりたいのは、たとえば、どういうものですか？」

「二つあります。一つはかつて中国で発見された青銅器のいくつかを日本の博物館で見てみたいこと。もう一つは是非、正倉院宝物を見てみたいと思います」

戦前の中国には、世界各国から探検家や学者が入って、辺境の調査をしたり、一部発掘をしたりして、発見したものを本国に持ち帰ったものが多いのです。また、文化財といった意識がまだ低かったために、中国で発見された文物や石像仏などの多くが海外の古物商の手で買い取られ、流出していき

図33　正倉正面

ました。清朝末期から中華民国の頃の中国と、海外列強諸国との力の差が、そうした面にも表れていたのでしょう。日本もまた戦前は列強の一つであり、圧倒的な経済的優位から、中国の文物の優品を買い求めて国内に持ち込んだのです。それらが日本各地の博物館に現在も所蔵されており、なかでも青銅器に優品が多いのだそうです。その話を聞いた時には、日本人として何か申し訳ないという気持ちがしました。

ここでは、もう一つ、彼らが挙げたのが正倉院宝物だったことに注目したいのです。つまり、当時の先進国である中国の優れた文物を日頃から見なれた中国考古学者の目から見ても、日本の正倉院宝物は別格だというのです。

「本の写真で見ただけですが、品物の質の高さ、保存状態の良さはすばらしい。中国で出土する文物を考える上で参考にするためにも、機会があったら、是非この目で見てみたい」というわけです。

### 東大寺の成立

宝物が納められている正倉院は、東大寺の倉の一つでした。そこで、東大寺の説明からはじめましょう。

大安寺・薬師寺・元興寺《がんごうじ》など、平城京内にあった有力な寺の多くは藤原京の時代からあった寺院を移したものでした。実際に建物自体を移建し、仏像も移動させた寺や、建物・仏像は新しくつくったとしても寺の組織として移転してきたものもあります。大安寺は藤原京の大官大寺《だいかんだいじ》、薬師寺はおなじく本薬師寺《もとやくしじ》、元興寺は飛鳥の飛鳥寺が移ったものであり、いわば寺としての伝統をもっていたわけです。それに対して、全く新たに成立した寺の代表が東大寺ということになります。

東大寺の境内には、「東大寺」として完成する前の前身となる施設がいくつかありました。その最初の一つが「金鐘山房《こんしゅさんぼう》」です。これは、聖武《しょうむ》天皇の最初の男子として光明子《こうみょうし》が出産し、生後すぐに皇太子になった子が一年後に亡くなった時、その菩提をとむらうために平城京の東方の丘に建てられたもので、七二八年（神亀四）頃につくられました（第二講・三二頁）。その山房がしだいに発展して「金鐘寺」となり、また同じ丘の一画には光明皇后がつくったとされる「福寿寺《ふくじゅじ》」といった別の寺もできました。

その後、七四一年（天平一三）に聖武天皇が全国に国分寺・国分尼寺をつくるよう命じる詔を出すと、「金鐘寺」や「福寿寺」などが統合されて「金光明寺《こんこうみようじ》」という名前になり、ここが大和国の国分寺であり、それが全国の国分寺の総本山として位置づけられたのです。

聖武天皇は恭仁《くに》京などを転々としたあと、七四五年に平城京に戻ってくるわけですが、その時に紫《し》香楽《がらき》宮でつくりはじめ、作業を中止した大仏の造営が、改めて平城京の金光明寺の一角で始まりました。七四七年からは鋳造が始まり、七四九年にようやく終了しました。その後、塗金作業や大仏を覆う大仏殿の造営へと続き、七五二年（天平勝宝四）に大仏開眼供養が行われて完成しました。こうして大仏がしだいにできあがりつつある頃に、金光明寺の別称として「東大寺」とも呼ばれるようになるのです。「東大寺」という名が史料に最初に登場するのは、七四七年（天平一九）からです。

奈良時代の東大寺は、今以上に広大な敷地をもち、大仏殿を中心に、北に講堂・僧坊・正倉院、南に中門・東塔・西塔・南大門、東方には鐘楼・法華堂・二月堂、西方には戒壇院・西大門・転害門《てがいもん》など多くの堂塔が建ち並んでいました（図34）。さらに、それぞれの建物にはたくさんの仏像が安置されていたはずです。ところが、一〇〇〇年以上の時の経過とともに、火災等によって失われてしまったもの、被災の後に再建されたもの、災害をまぬがれて今に伝わるものなど、さまざまな形で現代にいたっています。

今は痕跡だけになってしまったものとして、講堂・東塔・西塔・西大門などが挙げられます。講堂は大仏殿のすぐ北にあり、建物はないものの、奈良時代の礎石がとても良く残っていて、現地に立ってみると、建物がないだけになおさら講堂の巨大さが実感できます。東塔・西塔は記録によると、ともに七重塔で高さが三三丈余、つまり一〇〇㍍もあったと書いてあります。現在日本にある最も高い木造の塔は京都の東寺の五重塔ですが、それが五五㍍ですから、いかに大きかったかがわかります。あまりにも高すぎて、「実際に建てるのは難しいのではないか」として、三三丈は二三丈の間違いで、実際には七〇㍍だったという建築史の専門家の意見もあります。どちらが本当なのか、私にはわかりません。二つの塔の跡は、今は土壇の高まりがあるだけで礎石も残っていません。

大仏とそれをおさめる大仏殿は、二度の火災で焼失し、その都度再建されました。一度目は平安時代末の源平の争いの中で失われ鎌倉時代に再建、二度目は戦国時代にやはり戦乱で焼かれ江戸時代に再建されて、現在にいたっています。したがって、大仏の台座などに奈良時代の部分が残っていますが、仏像の大半は江戸時代のものということになります。史料によると、奈良時代の大仏殿は、高さは今と変わりませんが建物の東西幅は今の一・五倍もあったようです。

大仏殿の他に、江戸時代に再建されて現在残っている建物としては、大仏殿回廊に開く中門や、「お水取り」が行われる二月堂、有名な塑像の四天王像が安置されている戒壇院などがあります。

鎌倉時代に再建されたものの代表は南大門でしょう。「天竺様《てんじくよう》」と呼ばれた当時の最新の様式でつくられた門で、そこには運慶・快慶といった有名な仏師がつくった金剛力士像が安置されています。

上司
阿弥陀堂院
経楼
食堂院
大湯屋
鐘楼
二月堂
法華堂
千手堂
手向山八幡
東塔

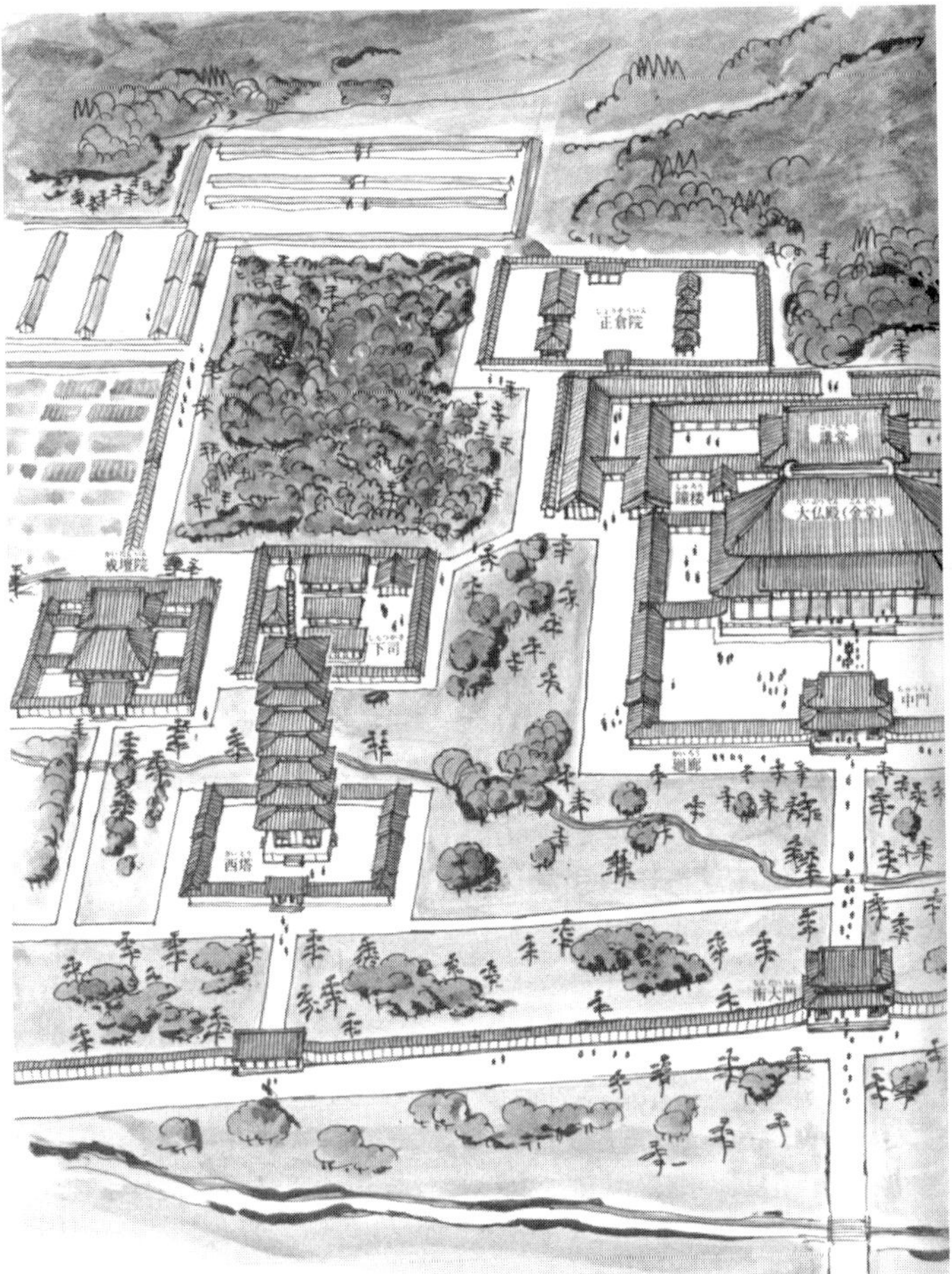


図 34　奈良時代の東大寺復原図

そして、奈良時代までさかのぼる建物で今に残っているものが三棟あります。一つは後で改めて取り上げる正倉院（双倉《ならびくら》）、それと不空羂索観音像《ふくうけんざくかんのん》や日光・月光菩薩像などたくさんの天平仏が安置されている法華堂、さらに寺地の西面築地に開く門の一つ転害門です。法華堂は本堂（正堂）と礼堂《らいどう》という二つの建物がつながっていますが、その本堂部分が奈良時代の建物で、大仏の造営よりも古い建物なのです。したがって、東大寺以前の「金鐘寺」または「福寿寺」の建物だったのかもしれません。転害門は寺の西北方に離れていて訪れる人も少ないのですが、今に残る数少ない奈良時代の門の例なのです。もちろん国宝です。

奈良時代、東大寺にはたくさんの僧侶がいて僧坊に住んでいましたが、僧侶以外にも多くの俗人が官人として所属していました。「造東大寺司《ぞうとうだいじし》」という名前の役所があって、初めはその名の通り、東大寺を造るために置かれた役所でしたが、寺が完成すると、その維持・管理にあたる東大寺の事務局としての役割を果たしながら存続しました。あくまでも一つの役所ですから、他と同様に長官《かみ》・次官《すけ》・判官《じょう》・主典《さかん》が任命され、そのもとに管理部門の「政所《まんどころ》」、造営担当の「造仏所《ぞうぶつしょ》」「造物所《ぞうもつしょ》」、写経を行う「写経所《しゃきょうしょ》」など、「所」と呼ばれたさまざまな部局をかかえる大きな組織だったのです。

やや東大寺案内のようになってしまいましたが、ここでの結論は、東大寺という寺は聖武天皇個人に関わって始まり、その国分寺政策、大仏造営、さらには写経事業といった自身の仏教政策とともに歩み、大きく発展してきた寺であるということです。政治に自信を失い、どうしたら世の中が平和になるのかを思い悩んだ聖武が、仏の力を信じ、それによって全土を治めていこうという願いを込め、国の総力を結集して造った寺が東大寺なのです。

## 2　由緒正しい正倉院宝物

### 聖武天皇の品々

七五六年（天平勝宝八）五月二日、聖武天皇（すでに娘の孝謙《こうけん》天皇に皇位を譲っていましたから厳密には上皇ですが、以下天皇と表現します）が亡くなりました。その四十九日の法要が終わったあと、光明皇后は、聖武天皇の冥福をいのって、生前に愛用していた六〇〇点をこえる品々を東大寺の大仏に献納し、それが双倉《ならびくら》という大きな倉の中に納められました。これが正倉院宝物のはじまりです。その時の献納目録が「東大寺献物帳《けんもつちょう》」（別名「国家珍宝帳《こっかちんぽうちょう》」）といわれる巻物で、現物が残っています。ですから、この目録に名前が載っている品物こそが最も由緒の正しい宝物であり、今でもこのうちの一〇〇点以上が残っています。

代々の天皇が受け継いだ厨子（赤漆文欟木厨子《せきしつぶんかんぼくのずし》、こういう難しい名称がついているのは「東大寺献物帳」に書いてある品目名だからです）、そこに納められた書として聖武天皇自筆の「雑集《ざっしゅう》」や光明皇后が書写した「楽毅論《がっきろん》」など、楽器としては貝殻の飾りがあざやかな琵琶（螺鈿紫檀五弦琵琶《らでんしたんごげんのびわ》）とか、人物や文様を彫った尺八（刻彫尺八《こくちょうのしゃくはち》）などは、まさしく聖武天皇愛用のものだったでしょう。碁盤は紫檀でできており、碁石も象牙の材で、それを赤と紺色に塗り分けてあります。シルクロードを通ってもたらされたとされるガラス製の切子コップ（白瑠璃碗《はくるりのわん》）とか裏面をヤコウガイや琥珀《こはく》でかざった鏡（平螺鈿背八角鏡《へいらでんはいはっかくきょう》）など、色鮮やかで、精密な細工をほどこした品々は、見ていると溜息がでるほどの優品です。聖武天皇の持ち物ですから、当時でも超一級品であり、それが一二〇〇年以上も保存されたわけですから、それこそ世界に誇れる宝といっても決して言い過ぎではありません。

毎年秋になると、奈良には多くの観光客がおとずれますが、そうした人々の目的の一つとして、二週間ほどの期間、奈良国立博物館で開催される特別展「正倉院展」が挙げられます。今では宮内庁が管理している正倉院宝物の一部を、博物館に移して展示するもので、戦後にはじまり六〇回をこえています。貴重な宝物を展示するため期間は短いものの、この間に毎年一〇万人をこえる人々が押しかけ長蛇の列をつくり、優品にみとれるという光景が繰り返されます。それだけの人気の秘密は、一二〇〇年以上も前の宝物がほぼ当時のままに、きわめて良い状態で保管されてきたことにあるのでしょう。

どうしてこれほど保存状態が良かったのかということについて、かつては「校倉造り《あぜくら》」という建物の構造が優れていたからだ、という説明がされてきました。断面が三角形の木材を横に組み上げて壁にしているので、乾燥している時は風通しがよく、逆に湿気がある時には、膨張して柱と柱の間が詰まって密封するのだ、という説明を聞いたことがありますが、どうもそれは俗説のようで、科学的な根拠はありません。

最近の研究によると、倉の構造というよりも、倉の中で一つ一つのモノを入れた容器である唐櫃《からびつ》の保存効果の方が大きいとのことです。倉の内と外、さらに倉内でも唐櫃の中と外について温度・湿度を比べてみると、唐櫃の中の変化がとても小さいことがわかりました。つまり外気の影響をあまり受けないのは、倉の壁によるのではなく、主として容器の効果だったのです。それとともに、あるいはそれ以上に、奈良時代以後の長い間、聖武天皇の倉として大切に扱われてきたことが何よりの保存の理由と言って良いでしょう。

光明皇后が献納してから後、平安時代まで、何度か虫干しを兼ねて中の宝物のチェックが行われました。これを「曝涼《ばくりょう》」と言います。その時々の記録も残っていて、品物のどれとどれがどういう状態で存在しているか、が細かくわかります。さすがに他の倉とは違った厳重な管理がなされていたわけです。ただし、平安時代の前半頃までは、宝物に一切手をつけてはいけないということではなく、天皇の許可があれば時々、品物の出し入れはあったようです。奈良時代後半では、献納された薬や武器が必要に応じて取り出されて実際に用いられていますし、平安時代初期には天皇が見たいというので、貴重な書がもち出され、とうとう戻らなかった、という例もありました。

たとえば、四世紀の中国の書家・王羲之《おうぎし》の書。彼は「書聖」つまり書道の神様と言われ、東アジア各国の書道に多大な影響を及ぼしました。唐の太宗《たいそう》（李世民）は王羲之の書をことのほか愛し、当時中国各地に残っていた原本を収集し、亡くなる時には有名な『蘭亭序《らんていじょ》』を自分の墓である昭陵《しょうりょう》に一緒に埋めさせたというほどでした。ところが、その後の戦乱などによって王羲之の書は失われ、現在、王羲之の自筆の書は世界に一点も残っていません。わずかに、唐代以降に複写したものと、石碑に模刻したものの拓本だけなのです。ところが、聖武天皇は王羲之の書をもっていて、それが「東大寺献物帳」のリストにも入っているのです。もしこれが今に伝わっていたならば、それこそ「世界的な宝」となったでしょうね。ところが、平安時代にその書が東大寺から借り出されたまま戻っていないのです。「犯人」はわからないのですが、書道の達人でもあったあの天皇あたりが怪しいのでは、などと勝手に想像しています。

ともあれ、平安時代も中頃をすぎると、そうした宝物を取り出すことは行われなくなり、やがて、天皇の命令がないと東大寺でさえ双倉のカギを開けることが許されない、という厳しい規制が加えられるようになりました。それがモノの保存にとっては好結果をもたらしたというべきでしょう。

その後の藤原道長とか、足利義満とか、織田信長など、時の権力者は天皇から特別の許可を得て「正倉院宝物を見た」のであり、その行為自体が当時はステータスにもなったようです。

## 正倉院宝物の伝来

正倉院に残された品物のすべてが、聖武天皇が生前にもっていたものというわけではありません。先に挙げた国家珍宝帳に記録された品目で、当時の技術の粋《すい》を集めたような宝物は、現在倉に入っているもののごく一部にすぎません。光明皇后が東大寺に献納したのは最初の六〇〇点余だけでなく、その後も四回ほど続けられましたから、それらも由緒正しい宝物に含めて構わないのですが、それでも倉の中身の約三分の一ほどで、残りは別のモノが入っているのです。

そもそも「正倉院」ということばが問題で、これは「正倉」（クラ）がいくつか集まった「院」（地区）というのがもともとの意味です。ですから固有名詞ではなくて、正倉院という区域は、他の有力な寺院にはたいていありましたし、地方の役所にも稲などを納めた正倉院が各地にありました。したがって、奈良時代には、他の寺と同じように、東大寺にも寺が管理する倉がまとまって何棟か建っていた場所があり、その地区を指す言葉が「東大寺正倉院」だったのです。大仏殿の西北のあたりがそれで、その一郭には聖武天皇ゆかりの宝物を入れた大きな倉（当時は「双倉」と言いました）があるだけではなくて、他にも寺の儀式で使う道具類を入れた倉やお経を保管した倉、「造東大寺司」関係のモノを入れた倉、といった数多くの倉が建ち並んでいたと考えられます。

ところが、それから長い年月が経つうちに、一棟また一棟と、倉が落雷で焼けたり、古くなって崩れたりして減っていったものと推測されます。そしてついには「双倉」だけが残りました。江戸時代末になると、その倉の名称として「正倉院」とも呼ばれるようになりました。もともと東大寺の一地

表12　宝物の内容

| | |
|---|---|
| ①調度品 | 屛風・厨子・鏡 |
| ②文房具 | 筆・墨・硯・刀子 |
| ③楽器・遊技具 | 琴・琵琶・笛・碁盤・碁石 |
| ④仏具 | 袈裟・錫杖 |
| ⑤武器・武具 | 太刀・弓・矢・馬具 |
| ⑥服飾品 | 冠・帯・くつ・麻衣 |
| ⑦工具類 | やすり・錐・やりがんな |
| ⑧書跡類 | 文書・経典・地図 |
| ⑨飲食器・容器 | 皿・箸・さじ・櫃・箱 |
| ⑩香薬類 | 蘭奢待・丁香 |

区の名前が固有名詞となって使われるようになるのは、他の寺院の正倉院がいつしか存在しなくなり、正倉院といえば東大寺の双倉のことと考えられるようになったからなのです。

一つの倉が壊れると、人々は何とかしてその中身を救いだして他の倉に避難しようとしますが、それが何度も何度も繰り返されてゆくうちに、双倉にはもともとは別の倉に入っていたモノがかなり入り込んだ状態で江戸時代をむかえたようなのです。ところが、そもそも双倉は聖武天皇ゆかりの宝物を入れた倉だったわけですから、途中から入り込んだモノも含めて、天皇の許可がなければ倉のカギを開けてはいけない、という扱いをうけて今日にいたったのです。その厳重な管理が、結果的にモノの分散を防ぐために大きな役割を果たしたと言えるでしょう。

そうなると、同じく倉の中に入っている「正倉院宝物」といっても、その中身はさまざまだということになります。それらをモノの保管と伝来の仕方でわけると、（一）献納宝物、（二）東大寺の資財、（三）造東大寺司関係品、の三つに区分できます。（一）は光明皇后が献納し、最初から双倉に納められた文字通りの宝物です。それに対して（二）と（三）は、もとは双倉以外の複数の倉にあったもので、(二)は東大寺で行われたさまざまな法会で使われた各種の道具類などが多くを占めます。(三)は東大寺の事務局の品で、あとで述べるような正倉院文書や写経生の文房具や衣類など、写経事業を担当した写経所で使ったものが中心となります。

次に正倉院宝物を品物の種類でわけてみると、おおよそ表12のようにまとめられます。思いのほか種類が多いのは、正倉院宝物が(一)の聖武天皇の持ち物に限らないからだ、ということがわかってもらえたでしょうか。

こうして見てくると、正倉院に残された品のうち、おおよそ三分の一ほどは文字通り「宝物中の宝物」と言って良いのですが、残り三分の二は東大寺や造東大寺司で使われていたいわば「日用品」だということになります。ちょっとガッカリしましたか? ところが、ここからが歴史学の面白いところで、先ほど挙げたような聖武天皇の持ち物であった「宝物」は宝物として大変に貴重なものですが、一方の「日用品」は日用品であるがゆえに歴史的な価値が高いのです。

たとえば、天皇の衣・食・住といったことは、平安時代の文献史料などが残っていますから、具体的にどのようなものであったのか、ある程度は復元できます。しかし、奈良時代の下級官人がどんな衣服を着て作業をしていたのか、毎日、どんな食事をして、どれくらいのペースで仕事をしていたのか、といったことはほとんどわかりません。天皇のような特別な地位の人のことは記録に残りやすいのに対して、一般の官人たちの日常生活というのは当時の人が特に関心をもつはずがない「常識」なので、だれも記録として後世に残してくれないからです。ところが、ここに、東大寺に関わった名もない人々の日用品が、たまたま宝物の入った「双倉」に紛れ込んだおかげで、私たちは、奈良時代の下級官人が使った文房具や工具類とか、麻でできた作業着（上着・ズボン・靴下・下着・前掛け・肩当てなど）の現物を目にすることができるのです。こんな例は他にはありません。一二〇〇年前の日常的な生活を具体的に知ることができるわけで、その効果ははかり知れません。

つまり、正倉院宝物は簡単に言えば「宝物」と「日用品」とからなりますが、私たち後世の者からすると、両方ともに「歴史のタカラモノ」なのです。

## 3　正倉院文書のウラオモテ

### 戸籍の裏面

その「歴史のタカラモノ」の一例として、前講でも少しふれた正倉院文書について説明していきましょう。正倉院には、奈良時代の古文書《こもんじょ》が多数残されています。数え方によって数字が違ってきますが、おおよそ一万点以上にのぼると言われます。

古文書とは、古い手紙のことで、平安・鎌倉・室町・江戸……と時代が下るにしたがって、現代まで残る点数が飛躍的に多くなり、江戸時代の歴史研究となると、古文書を解読するのが基本的な研究の方法となるくらいです。ところが、奈良時代までさかのぼると、古文書といえばその九九％が正倉院に残されたもの、ということになります。

毎年秋の正倉院展でも、何点かの正倉院文書が必ず展示されますから、目にしたことがあるという人もいるかと思います。その正倉院文書といえば、奈良時代の戸籍・計帳・正税帳《しょうぜいちょう》といった公文書《こうもんじょ》が代表的なものとされ、教科書などにも写真が載っています。

戸籍・計帳は公民の基本台帳で、戸籍は六年に一度、計帳は毎年つくられて、口分田を分け与えたり、租庸調などの税を徴収する時の基礎となる帳簿です。また正税帳とは地方の役所である国府の一年間の財政収支報告書です。こうした役所でつくられた公文書の現物が残っていることも、私たちにとってとても有り難いことなのですが、問題は、こうした公文書が当時大切だったから正倉院に残ったわけではない、ということです。

たとえば戸籍ですが、公民台帳として最も大事な公文書の一つですから、作成ののち三〇年間は民《みん》部《ぶ》省や中務《なかつかさ》省といった役所に保管しておかなければなりませんでした。そして、その年限がすぎると廃棄処分となりますが、紙の裏面は白いままですから再利用が可能です。古代には、今と比べて紙がたいへんに貴重でしたから、用済みとなった戸籍も、そのまま捨てられることはありません。戸籍を保管していた役所で裏を利用して別の文書を書いたりもしたでしょうが、多くは他の役所に払い下げられ、そこで再利用されました。

正倉院に残った紙の文書は、戸籍などの公文書を保管していた役所から「造東大寺司」へ払い下げられ、そこで細かく切ってメモとしてさまざまな用途に使われたものなのです。より具体的には、造東大寺司の一つの部局である「写経所」というところに残されたメモ書きということです。聖武天皇や光明皇后は、仏教信仰の一つとして、大規模な写経事業を何度も行っていますが、その場所は主として東大寺において行われたのであり、それを担当する部局が造東大寺司写経所でした。したがって、そうした写経事業に関わる事務的な仕事上のメモとか、そこに参加した下級官人たちと写経所とのやりとりを書いたものなどがたくさん残っており、前講で紹介した下級官人の実態を示す「休暇願い」や「借金証文」もその一例だったわけです。

## 造東大寺司のメモ

第六講では休暇願いを紹介しましたから、ここでは借金証文の例を現代語に訳して挙げておきましょう。

丈部浜足《はせつかべのはまたり》が申し上げます。月借銭《げっしゃくせん》の申し込みについて。借用金は一〇〇〇文で利息は一三〇文、質《しち》としては家が右京三条三坊に三二分の一町あり、そこには板屋三棟があります。口分田は三町八段、葛下《くずしも》郡にあります。借金は一ヵ月後に利息とともに必ず進上します。もしも期限を過ぎたらば、妻子ともども責任をもって質を売って返納します。以上。

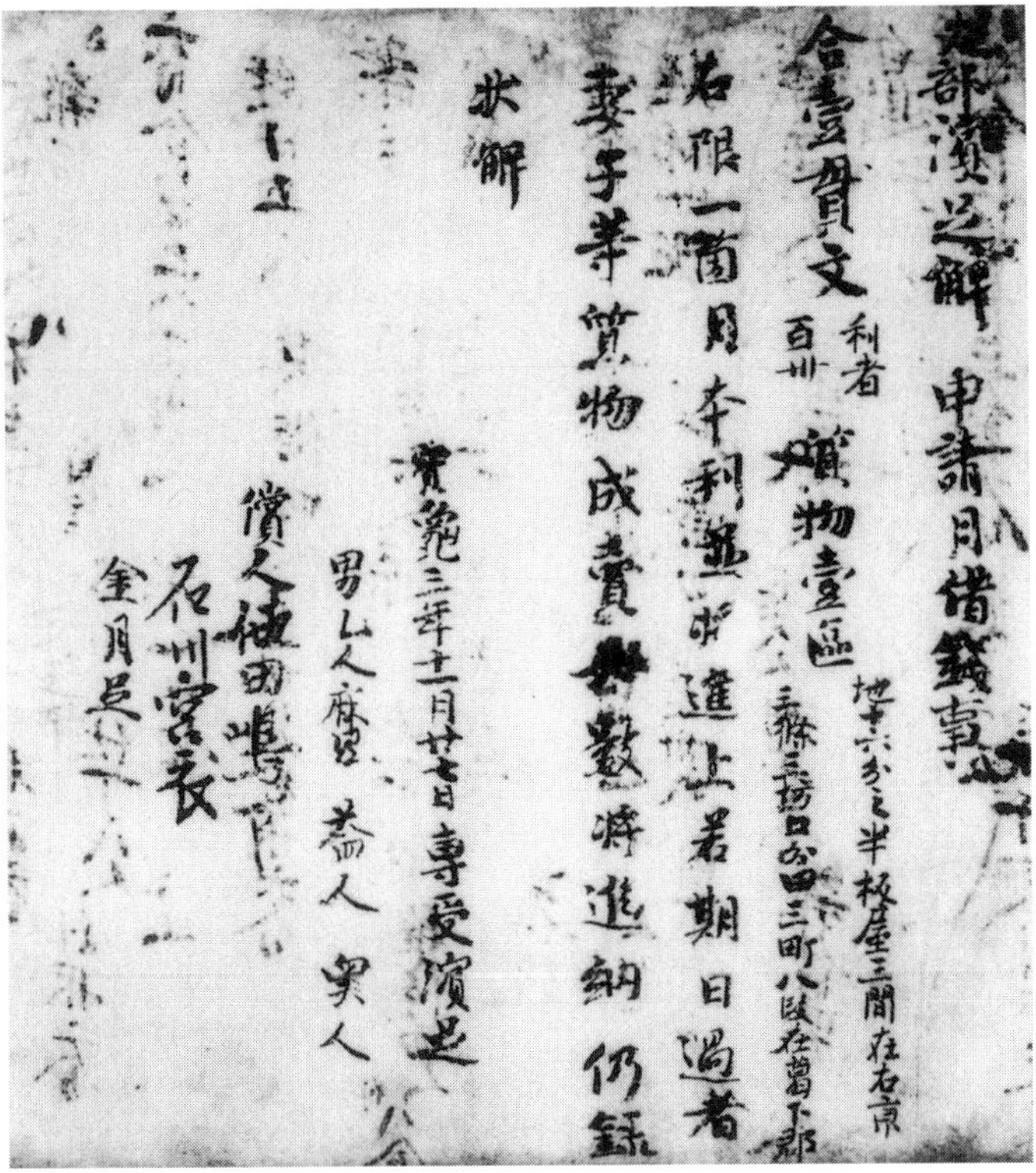

図 35　丈部浜足月借銭解（正倉院宝物）

表 13　丈部浜足の借金歴

| | |
|---|---|
| 51 歳 3・2・25 | (借) 500 文（質物　家地・口分田） |
| 4・18 | (借) 500 文 |
| 6・16 | 金月足の償人 |
| 6 月下旬頃 | (借) 400 文 |
| 9/7〜9/12 | (返)本 400 文　利 122 文 |
| 9・7 | (借) 100 文（質物　布 4 端） |
| 9・16 | (借) 100 文 |
| 11・24 | (返) 本 1000 文　利 304 文<br>本　100 文　利　46 文 |
| 11・27 | (借) 1000 文（質物　家地・口分田） |
| 12・25 | (返)本 1000 文　利 125 文 |
| 52 歳 4・4・7 | 山辺千足の償人 |
| 4・14 | 出雲手麻呂の償人 |
| 9・20 | (借) 1000 文（布施時） |
| 11・5 | (返)本 1000 文　利 215 文 |
| 53 歳 5・4・29 | (借) 300 文 |
| 7・5 | (返)本 300 文　利 100 文 |
| 9・15 | (借) 600 文（布施時） |
| 11・29 | (返)本 600 文　利 216 文 |
| 11・30 | (借) 1000 文 |
| ? | (返)本 400 本　利 225 文 |
| 54 歳 6・5・30 | 山部針間麻呂の償人 |
| 7・19 | (返)本 200 文　利 180 文 |
| 9・20 | (返)本 200 文　利 120 文 |
| 10・27 | (返)本 200 文　利　36 文 |

というものです。丈部浜足は、写経生として仕事をしている一人ですが、生活費として造東大寺司写経所に借金（給料の前借り）を申し込んだ時の文書です。これによって、当時の一ヵ月の利息が一三％だったこと、彼の平城京の住所とその広さ、口分田の所在地や、妻子がいて連帯責任者となって

いたことなど、いろいろなことがわかります。実は、彼の借金証文はこの一通だけではなくて、いくつか残っています。それによれば、彼は給料が出ると借金を返し、また借りては返す、ということを何度も繰り返して、カツカツの生活を送ったことがわかります（表13）。いわば「自転車操業の浜足さん」でした。

以上見てきたように、正倉院文書の正体は「造東大寺司の写経所という役所に残されたメモの束」だということなのです。したがって、最初から「双倉」に入っていたはずがありません。造東大寺司関係の倉の一つに保管されていたガラクタ（用済みのメモ書き）が、たまたま倉の損傷などで他の倉へ移され、最終的には双倉に入ったために「宝物」になってしまったわけです。

江戸時代の末頃になって、そうした正倉院文書が発見されましたが、その頃の学者が注目したのは、当然ながら造東大寺司のメモの方ではありませんでした。その裏には、細かく切れてはいるが「奈良時代の戸籍が残っているではないか！」ということで一躍有名になったのです。その後、メモの束をバラバラにして、裏側の戸籍の順番に直して復元しようという作業が長い間続けられました。それが、現在巻物になっている奈良時代の戸籍・計帳・正税帳……なのです。ただし、奈良時代に一度切断しバラバラになっていますから、完全には復元できず、間に白い紙を挟んだ状態で巻物になっています。

そうすると、正倉院文書は、二回手が加えられたことになります。一回目は奈良時代に公文書をバラしてメモ書きに、そして二回目は江戸時代以後にメモ書きの束をバラして公文書の復元に。一回目はやむを得ませんが、二回目の「復元」は今から思うと、残念なことをしたという感じが否めません。それは、江戸時代末頃までは、おそらくメモ書きの束が、ほぼ奈良時代の状態でまとまって残っていたはずなのです。ところが、それを変更してしまっているので、今の研究者が写経所の研究をしようとすると、一つ前の状態に戻して考えなければならなくて、これがたいへんな労力を必要とするのです。幕末にカメラが普及していれば、まずは現状のまますべてを写真におさめた上で、作業に入ったのになあ……、といっても無理なのですが。これは史料を調査する時には、現状を勝手に変更してはいけない、という教訓でもあるのです。

話がやや脇道にそれましたが、以上のようなことから、私たち、後世の歴史研究者からすると、正倉院文書は性格の違う二つの史料が、偶然にも残ったということになり、貴重な材料となっているわけです。一つは奈良時代の公文書として、もう一つは造東大寺司という役所のメモとして。「一粒で二度おいしいグリコ」といったところです（たとえが古い?）。特に近年は、造東大寺司写経所のメモの方に関心が集まっています。例を挙げたように、奈良時代の下級官人の仕事ぶり、生活の実態がありありと復元できるからです。いずれも興味深い事実で、しかも、政府が作った正式な歴史書には、絶対に載っていない内容の事柄なのです。

それにしても、下痢の三嶋子君や借金の丈部浜足たちは、こんなことが一二〇〇年以上も後の時代の人に知られるなどとは夢にも思っていなかったでしょうね。

# 東大寺境内を歩く

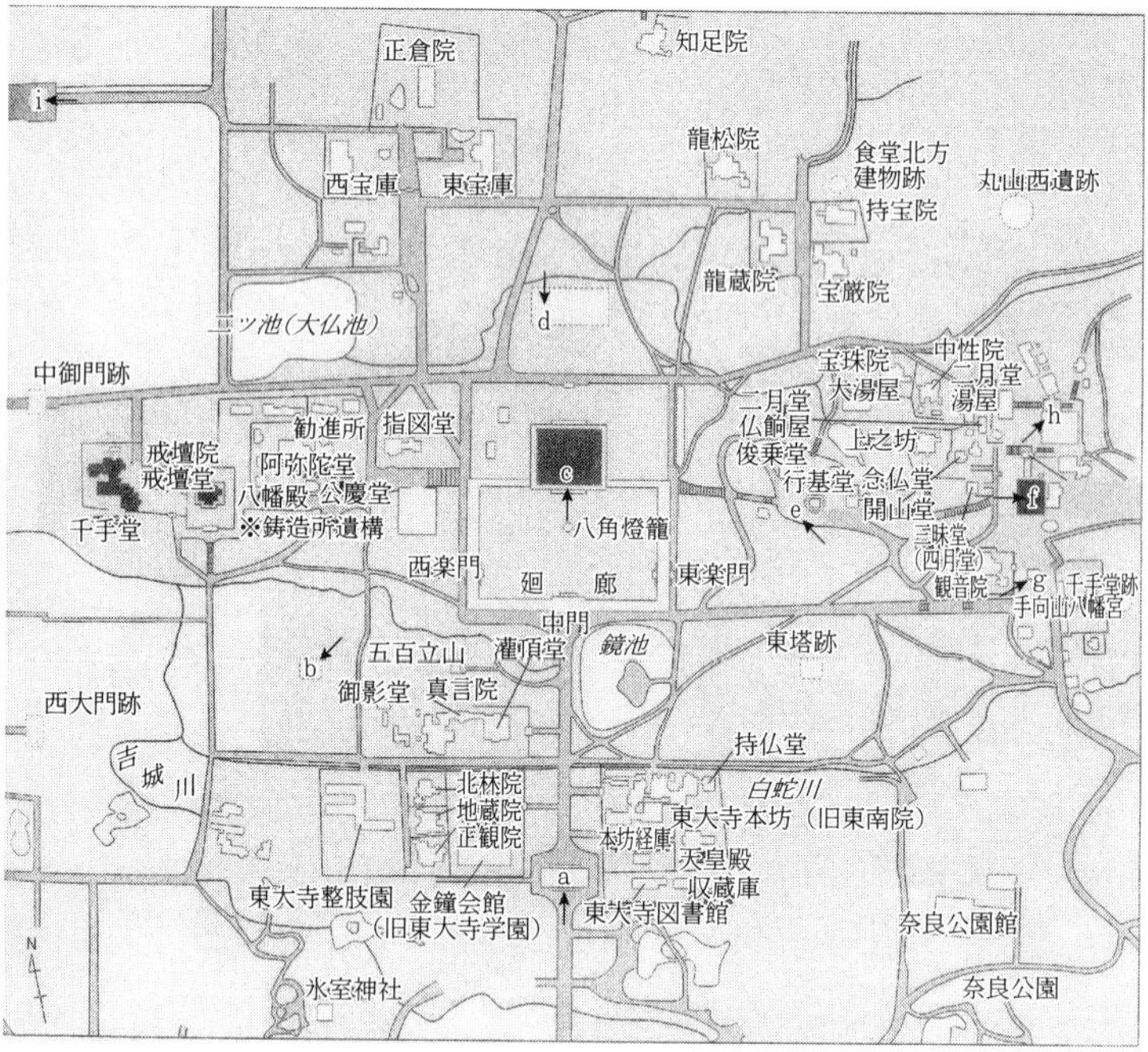

知足院
正倉院
i
龍松院
食堂北方
建物跡
丸山西遺跡
西宝庫
東宝庫
持宝院
龍蔵院
宝厳院
d
二ツ池(大仏池)
中御門跡
宝珠院
中性院
大湯屋
二月堂
湯屋
二月堂
仏餉屋
h
上之坊
勧進所
指図堂
戒壇院
戒壇堂
阿弥陀堂
c
俊乗堂
行基堂
念仏堂
八幡殿
公慶堂
開山堂
f
千手堂
※鋳造所遺構
八角燈籠
e
三昧堂
(四月堂)
西楽門
廻　廊
東楽門
g
観音院
千手堂跡
手向山八幡宮
中門
b
五百立山
灌頂堂
鏡池
東塔跡
御影堂
真言院
西大門跡
吉城川
持仏堂
白蛇川
北林院
地蔵院
正観院
東大寺本坊（旧東南院）
本坊経庫
天皇殿
収蔵庫
a
東大寺整肢園
金鐘会館
(旧東大寺学園)
東大寺図書館
奈良公園館
N
氷室神社
奈良公園

a　**南大門**　鎌倉時代の建物．天竺様という当時最新の様式で再建された．門の東西には運慶と快慶が作った二体の巨大な金剛力士像が睨みを利かせている．

b　**西門跡**　東塔・西塔ともにかつては七重塔が立っていたが，今はその基壇部分がこんもりとした高まりとなっているだけで，訪れる人も少ない．

c　**大仏殿**　2度の火災にあったが，鎌倉・江戸時代に再興された．現在の建物は江戸のもので，昭和になって修理が加えられた．

d　**講堂跡**　金堂の北にあって僧侶たちが集まって講義をする建物．大仏殿が金堂にあたり，その北に長大な建物があった．現在は大きな礎石がほぼ元のままに残っている．

e　**鐘　楼**　大仏殿の東方にあり，鎌倉時代に再建された．ここにかかる鐘楼は奈良時代のもので日本最大の大きさを誇り，「奈良太郎」という愛称をもつ．

f　**法華堂**　西から見た写真で左半（北半）の本堂と右半の礼堂がつながっている．その本堂が奈良時代，礼堂は鎌倉時代の建物である．不空羂索観音像・日光菩薩像・月光菩薩像など天平時代を代表する仏像が多く安置されている．

**g　法華堂経庫**　法華堂の南にある経典を納めた倉．平安時代初期のもの．小規模ながら，正倉院と同じく校倉造となっている．

**h　二月堂**　東大寺修二会（お水取り）が行われる場所として有名．建物は江戸時代に再建された．練行衆が堂に上る階段は向かって左で，その灯りとして先導するのが「お松明」．お水取りのための井戸（阿伽井）は手前に見える小屋のところである．

**i　転害門**　東大寺境内の西面北門にあたる門で，奈良時代の門の例として貴重である．単層で屋根は切り妻造り．平城宮の門を復元するにあたってはこの門が参考とされた．

# 正倉院宝物の世界

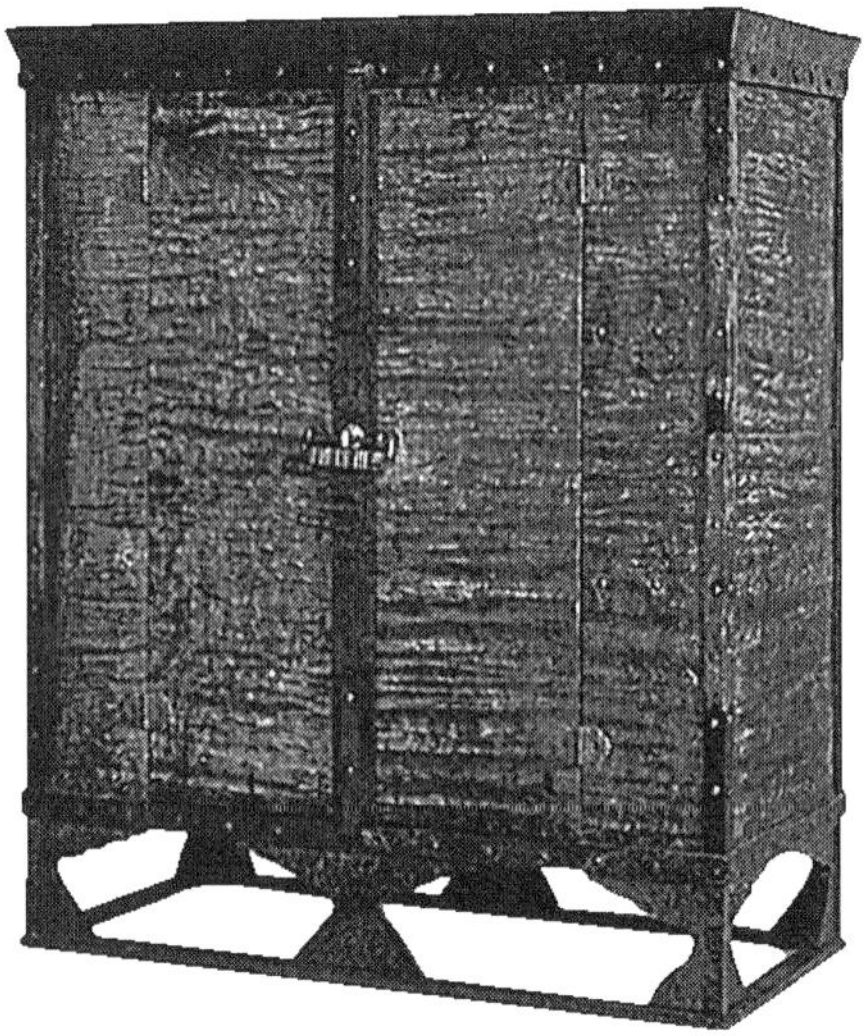

**赤漆文欟木御厨子**　ケヤキ材に赤漆をかけて仕上げた厨子．天武以来の歴代天皇に伝えられたもので，中には「雑集」などが納められていた．高さ 100 センチ．

**白瑠璃碗**　淡褐色をおびた透明なガラスの碗で，カットグラスによる円形の凹みをほどこす．西アジアからもたらされた．高さ 8.5 センチ．

**平螺鈿背八角鏡**　白銅製の鏡の裏面に螺鈿やトルコ石などをはめ込んで文様を作り，平らに研ぎ出している．径 27.4 センチ．

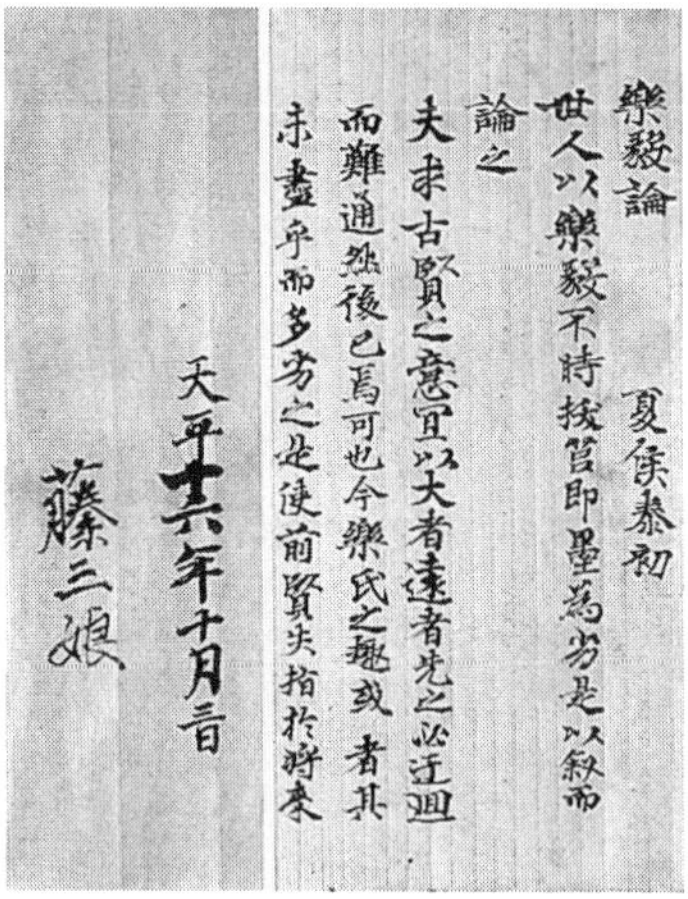

樂毅論　夏侯泰初
世人以樂毅不時拔莒即墨爲劣是以叙而論之
夫求古賢之意宜以大者遠者先之必迂迴而難通然後已焉可也今樂氏之趣或者其未盡乎而多劣之是使前賢失指於將來
天平十六年十月三日
藤三娘

**楽毅論**　中国・戦国時代の武将であった楽毅の戦術を論じたもので，王羲之による書を光明皇后が臨書した．縦 25.3 センチ．

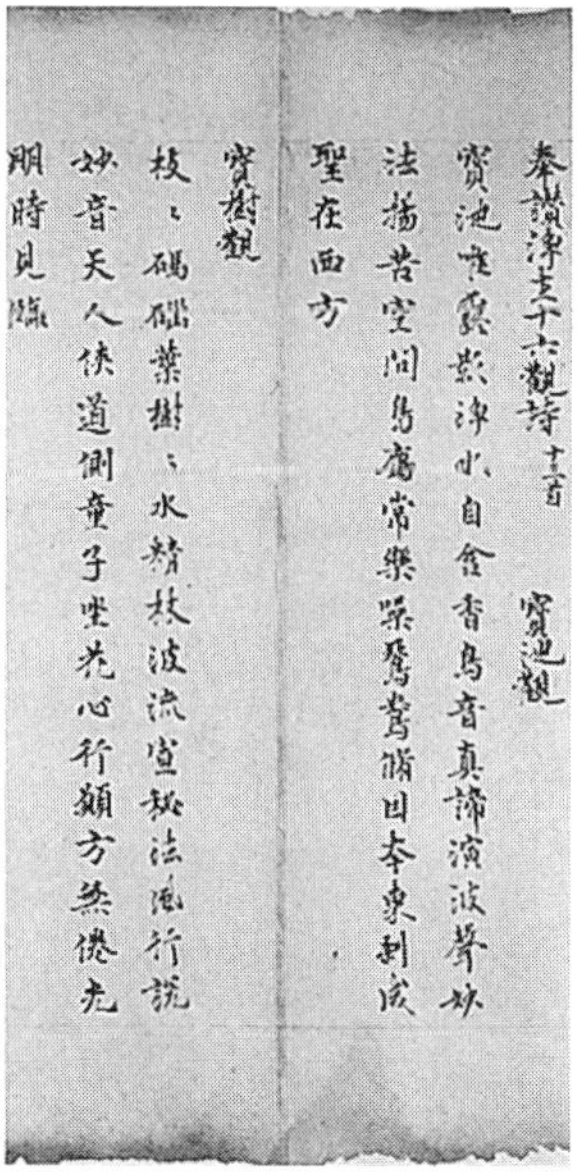

**雑　集**　中国・六朝時代以降の仏教に関する詩文を抜粋したもので，聖武天皇自筆の書である．縦 27 センチ．

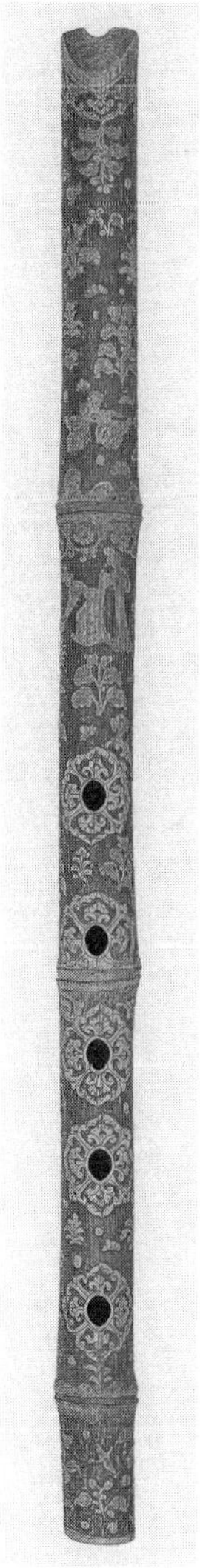

**刻彫尺八**
竹管の全面に文様を彫りだした竪笛で，全体に飴色を呈している．長さ 43 センチ．

**黄熟香**　「蘭奢待」という別名をもつ有名な香木．足利義政・織田信長・明治天皇が一部を切り取って聞香したということが貼紙から知られる．長さ156センチ．

**布　袍**　麻布製の上着．汚れが残っているのは，役所から貸与されたものを使用後返却したからであろう．丈116センチ．

**布　袴**　布袍の下にはいたズボン．丈71センチ．

# 第八講　歴史の材料

——史料と木簡——

二条大路木簡と長屋王家木簡

## 1　古代史の史料

### 史料とは

ある時代の歴史を考えるにあたって、最も基本となる材料が史料です。史料とは、「その時代の人が書き残した文字資料」ということで、これが何よりも大切です。その史料にどんなことが、どのように書いてあるのか、ということをまず読み解き、それによってさまざまな事実を知り、たくさんの事実をつなぎ合わせ、組み立てながら歴史の動きを考えてゆく、というのが歴史学の方法だからです。日本史の場合、ほとんどの時代の史料は漢文で書かれていますから、これを本格的に学ぼうとすれば、漢文を読む訓練は欠かせません。

大学の史学科には、「私は日本史は大好きだけど、漢文はまるで苦手です」という学生が何人か入学してきますが、そういう諸君に対しては、常々「日本史を学ぶ者が漢文を読めないというのは、武器をもたないで戦場に立つようなもので、それでは逃げまどうしかないのだよ。せめて少しでも抵抗しようと思ったら、漢文史料が読めるという武器を身につけないといけない」と言っています。

### 史料の区分

一つの史料を読むにあたっては、常に5W1H（誰が、何を、何時、何処で、何故、どのように？）を頭の片隅に置いて読んでいきますが、ひとくちに史料といっても、さまざまな種類があり、その内容も性質もまちまちです。そこで、それぞれの史料がどのような特徴をもっているのかをおさえておくことが重要となります。

以下では、古代の史料を概観するために、大きく分類して説明してみます。もちろん、研究者によって、分類の仕方はそれぞれですから、これはあくまでも私なりの区分ということになります（表14）。

ⅰの正史とは、国家の正式な歴史書ということで、天皇の命令をうけてチームが編成され、材料を集めて取捨選択の上、まとめられるもので、日本国全体にとって重要なことはもれなく記されています。編年体といって、何年何月何日にどのようなことがあったのかという日付順に、天皇の動向、主な官人たちの人事異動、制度の変更などの政策、大きな事件などが書き残

表14　古代史料の分類

| 区　　分 | | 事　　例 |
|---|---|---|
| ⅰ正史（六国史） | | 日本書紀・続日本紀・日本後紀……日本三代実録 |
| ⅱ法令集（律令格式） | | 大宝律・大宝令……延喜格・延喜式 |
| ⅲ文学作品など | | 万葉集・懐風藻・風土記・日本霊異記 |
| ⅳその他 | a 古文書 | 正倉院文書 |
| | b 記録（日記） | 御堂関白記・小右記・宇多天皇宸記 |
| | c 金石文 | 稲荷山古墳出土鉄剣銘・多賀城碑・太安万侶墓誌 |
| | d 出土文字資料 | 木簡・墨書土器・漆紙文書 |

されました。

最初の正史となる『日本書紀』は神々の時代の話から始まり、やがて神武《じんむ》天皇が即位し、それから六九七年の文武《もんむ》天皇即位までを記述しました。次の『続日本紀《しょくにほんぎ》』はそれを引き継いで六九七年から桓《かん》武《む》天皇の七九一年まで、『日本後紀』はそこから八三三年まで……というように間を空けることなく六つの正史が作られ、最後は八八七年の宇多《うだ》天皇が即位したという記事で『日本三代実録』が終わっています。したがって、八八七年以前の主要な出来事を調べるには、この正史の該当する部分を読むのが基本となります。

iiは各種の法令をまとめたもので、「律令格式《きやくしき》」と総称されます。その内容はすでに第五講でふれましたから説明は省きますが、古代のさまざまな制度に関しては、正史よりもはるかに詳しい記述がありますから、こちらも基本的な史料として目を通すことが必要です。

iiiとして区分した文学作品というのは、国文学の研究者が主に研究対象としていますが、文学作品であっても歴史の史料として使える場合がしばしばあるということで、分類の項目として立てました。たとえば『万葉集』の例として一四頁に挙げた和歌で、「大君は神にしませば、赤駒の腹這う田井をみやことなしつ」ですが、さて、ここに歌われている「みやこ」とは一体、どの宮を指すのか、という問題を立てると、それは歴史のテーマとなってきます。この場合は、一般的には天武《てんむ》天皇の宮ということで「飛鳥浄御原宮《あすかきよみはらのみや》」だとされていますが、私はそうではなく、天武天皇がつくろうとした

「新しい都」のことであり、のちに完成する「藤原京」を指すと考えているのですが、ここでは詳しくは述べません。

iiiの事例として他に挙げたのは、八世紀中頃にできた日本最初の漢詩集である『懐風藻《かいふうそう》』、八世紀初めに全国に命じて作らせた国別の地誌である『風土記』、九世紀初めに完成した仏教説話集の『日本霊異記《りょういき》』です。日本の古代史研究では、ほかの時代と比べて史料が非常に少ないために、文学作品なども含めて、歴史の材料として使えるものは、何でも活用しようということになるのです。

ivは「その他」として一括しましたが、重要なものがいくつか含まれます。

aの古文書とは、「古い時代の手紙」という意味で、奈良時代に限定するとその九九%が正倉院文書となることなどを前講で述べましたので省略します。

bの記録とは、主に平安時代の貴族たちが書き残した日記のことです。日記といっても個人的な感想を書くというよりは、宮中の出来事を詳細に記した半ば公的な記録と言った方が良いでしょう。平安時代に頻繁に行われた儀式の際に、自分はどのような立場で、どのように行動したのかということを具体的に書き残すことによって、日記を子孫に伝え、その子孫が同じ立場に立った時の参考にする、といったことが日記を書く目的の一つだったようです。こうした記録（日記）は複数の貴族、あるいは天皇のもの（宸記）も残っていますから、八八七年で正史が途切れた後の時代については、政治の中心にあった人々の動向を知る上で大きな威力を発揮することになります。

ｃの金石文《きんせきぶん》とは、文字通り金属や石などに文字を刻んだものを指します。素材が丈夫なために、比較的古い時代の現物がそのまま残っていて注目されます。鉄の剣、銅の鏡、金銅製の仏像の一部、石碑などなど各種ありますが、いずれも文字を書く時に、何らかの事柄を記念として後世に伝えることを目的としたものが多くを占めます。表14に例示した三点だけ紹介してみましょう。

稲荷山《いなりやま》古墳出土鉄剣銘《てっけんめい》とは、埼玉県行田市にあった五世紀の古墳から鉄の剣が出土し、その錆落しの作業中に、刀身に金象嵌《きんぞうがん》（文字を刻んで、そこに金を埋め込んだ）された文字（一一五字）が発見されたというものです。内容は、「ヲワケ」という者が雄略《ゆうりゃく》天皇に仕えたことを記念して「辛亥年」（四七一年）に鉄剣を作ったことなどが記されています。この頃を対象とした『日本書紀』の記事はかなり説話的なものが多くて、事実かどうか疑わしい部分が多いのですが、こうした当時の現物が実際に出てくると、『日本書紀』の記述がどの程度事実を伝えているのか、ということを判断する材料となりますから、とても貴重で、戦後最大の古代史上の発見などと騒がれました。一九七八年のことです。

多賀城碑《たがじょうひ》は、宮城県多賀城市に残る石碑で、内容は古代東北支配の拠点として置かれた「多賀城」を、七六二年に藤原朝狩《あさかり》（藤原仲麻呂の子）が修理したことを記念するものです。そこには、創建が七二四年であるとも書いてあり、実際に発掘調査された多賀城跡の創建・修理の年代とも一致することがわかり、古代東北史の研究が大きく進展しました。

太安万侶《おおのやすまろ》墓誌《ぼし》は、一九七九年に奈良市の茶畑で農作業中に偶然に発見された銅板で、内容は、『古事記』の編者として有名な太安万侶の墓であることを記した「墓誌」でした。したがって、出土したところが彼の墓であり、墓の一部も残っていて奈良時代の貴重な例となりました。

このように、金石文は文字数はそれほど多くはないのですが、書かれた内容は事実をふまえていると見られますから、他の史料と比較することで有効に活用することができるのです。

## 出土文字資料

ⅳのdの出土文字資料とは、発掘調査の結果として地下から発見される出土遺物のうち、文字が書かれているものの総称です。そしてこれはさらにいくつかにわかれます。表14には代表的な三つを挙げました。木札に文字を記す木簡、土器の底や側面に文字のある墨書土器《ぼくしょどき》、出土した紙文書としての漆紙文書《うるしがみもんじょ》です。木簡については、のちに説明しますから、以下では、漆紙文書だけ簡単に補足しておきましょう。

地下に埋もれたモノのうち、紙というのは長持ちしませんから、発掘調査で一〇〇〇年以上も前の紙がそのままの状態で出土するということはありません。ところが、その例外があることが一九七八年の宮城県多賀城跡の調査でわかりました。紙自体は残らないのですが、漆が染み込んだ紙の場合には、漆の皮膜が後世までよく残り、そこに紙に書かれていた墨文字が映った状態で発見されたのです。その過程を復元すると、次のように考えられます。

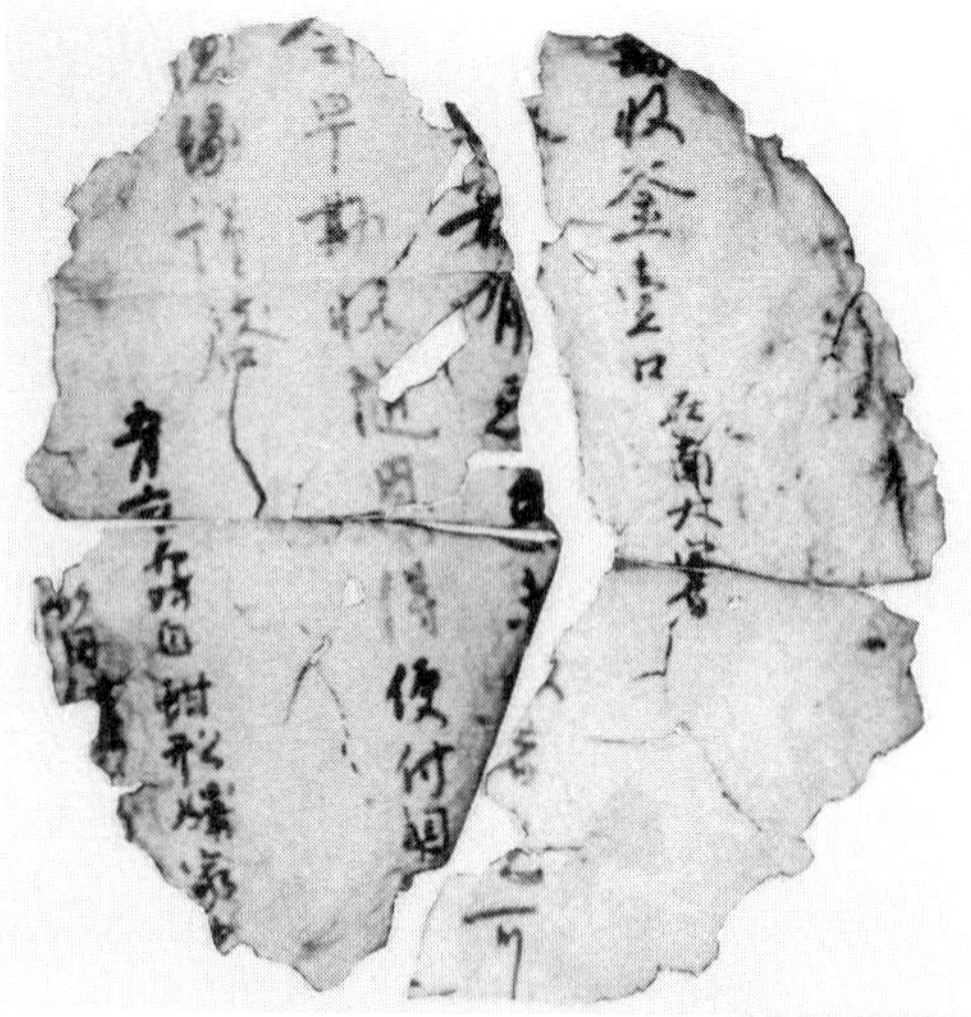

図36　秋田城跡出土漆紙文書

奈良時代に紙の文書が役目を終えると、当時は紙が貴重ですから、裏面を別の文書として再利用しました。そして、両面の使用が終わり用済みとなった紙は、最後にまた別の使われ方をされることがありました。それが漆容器のフタ紙としての利用です。漆塗りの作業を中断する時、漆液を入れた容器にフタをして、空気中のホコリが入り込むのを防ぐのがフタ紙です。現代の漆職人さんはラップフィルムを使うそうですが、当時は両面を使い終わった反故紙《ほごし》を用いたわけです。そして、フタ紙としての使用を何度もくり返すと、しだいに紙に漆が染み込んできて、とうとう使えなくなり、ゴミ穴などに廃棄されました。これが地下に埋もれて一〇〇〇年以上もたつと、ちょうど漆が染み込んだ部分だけが残り、その皮膜に表と裏の文字が重なり合って映っているのです。出土した漆片をそーっと開き、赤外線カメラに写し出すと、図36のように文字が判読できるようになります。

こうして、奈良時代の古文書は漆紙文書として、貴重な文字資料の一つとなりました。今では、多賀城跡のほかにも胆沢城跡《いさわじょう》・秋田城跡といった東北につくられた城柵、常陸の国府跡などの役所、平城京などの都城など、各地から漆紙文書が出土しています。

以下では、上記のようなさまざまな史料のうち、奈良時代を対象とする正史の『続日本紀』と、木簡について節を改めて説明を加えることとします。

## 2 『続日本紀』の魅力

### 続日本紀

古代には六つの正史が作られたと言いましたが、それを総称して「六国史」と呼びます。この読みは「りっこくし」です。六国史の第二が『続日本紀』で、これは「しょくにほんぎ」と読みます。なぜ「ろっこくし」や「ぞくにほんき」ではダメなのか、よくわかりませんが、古くから言い習わされてきたので、従っておきましょう。

『続日本紀』は『日本書紀』の後を受け継いで、六九七年から七九一年までの記事を収録したものですから、ちょうどこの中に奈良時代がすっぽりと収まります。ですから、この時代を考える上で、最も重要な史料と言ってかまいません。私もそうですが、人学の史学科で日本古代史専攻のあるところでは、ほとんどの教員が『続日本紀』をテキストにして史料講読の授業をしているのは、それだけ基本的な史料だからです。また、『日本書紀』の始めの方は神話の時代であり、それから後しばらくは説話が続いていて、古い時代を扱うところは事実とは認められない部分が多いのですが、『続日本紀』はそうしたことはなく、記述内容のほとんどが事実に基づいていて、きわめて信頼度が高いのも大きな特徴です。

先に、正史には国家にとって重要なことはもれなく書いてあると述べましたが、具体的に見てみましょう。

### 天平三年条を例に

『続日本紀』巻十一の天平三年（七三一）の部分を例に取り上げます（現代語に訳しました）。

①正月一日、天皇は中宮《ちゅうぐう》にお出ましになり、主な官人たちと宴会を行った。美作国《みまさか》から祥瑞の報告があり、披露された。

②正月二六日、神祇官が「庭火《にわひ》御《み》竈《かま》四時祭祀《しじのさいし》」という祭を今後恒例にしましょうと提案し認められた。

③正月二七日、従三位大伴旅人《おおとものたびと》を従二位《じゅにい》とした（以下、四三人の位階を上げた）。

④二月一日、日蝕があった。

⑤三月七日、算を学んで大学を卒業し役所に勤めている者でも、その知識が十分でない者は、配属先から式部省へ戻すこととした。
⑥同日、諏方《すわ》国をやめて、信濃国に合併した。
⑦四月二七日、平群豊麻呂《へぐりのとよまろ》を讃岐国の長官に任命した。
⑧五月一四日、同じく任命記事（四人）。
⑨六月一三日、同じく任命記事（八人）。
⑩同日、紀伊国阿氐《あて》郡で赤潮が発生したが、五日後にはもとに戻ったという報告があった。
⑪七月二五日、大納言従二位の大伴旅人が薨《こう》じた（亡くなった）。
⑫七月二九日、雅楽寮の楽生の定員を定め、大唐楽三九人、百済楽二六人、高麗楽八人、新羅楽四人、度羅《とら》楽六二人、諸県《もろがた》舞八人、筑紫舞二〇人とした。
⑬八月五日、各役所の官人を内裏に集めて、次のような天皇の言葉が伝えられた。「最近、閣僚のメンバーが亡くなったり、年老いたりしたので、後任を補充したい。ついては各自が適任と思う者の名を推薦せよ」と。
⑭八月七日、三九六人の官人が、各々、推薦する人の名前を天皇にお伝えした。
⑮同日、行基《ぎょうき》に付き従っている者たちの中で、仏教の教えにしたがって修行していて、一定年齢以上の者については、入道を認めるという命令が出された。

⑯八月一一日、官人の推薦により、藤原宇合《うまかい》以下の六人が参議に任命された。
⑰八月二五日、天皇は次のようにおっしゃった。「天地の神々がもたらすもので最良のものは豊年であるという。今年は特に穀物がよく実ったので、この喜びを国民と分かち合いたい。そこで、全国の租の半額を免除することとした」と。

以上が天平三年の正月から八月までの『続日本紀』の記事のすべてです。これによって、『続日本紀』にはどのようなことが、どのように書かれているのかが、おおよそわかるのではないでしょうか。

①は元日の行事ですが、この年は元日朝賀を行わず宴会だけだったようです。そこで祥瑞（既述）が紹介されました。「年初にあたって幸先が良い」といったところでしょうか。天皇の動向やその言葉は、⑬や⑰にもあるように、しばしば記録に残されます。

②は、役所からの提案が検討され認められた例です。⑤⑥⑫なども同じような手順を踏んで決定した制度の改革と言えます。特に⑤では、「計算のプロ」と期待されて役所に配属された者が無能なために式部省に戻される、というなかなか厳しい措置がとられました。

③は位階の昇進、つまり叙位記事で、⑦〜⑨は官職に任命する任官記事です。叙位・任官ともにかなり多数の人事異動が見られますが、注意すべきことは、記事が人事異動のすべてではないということです。第六講で見てきたように、五位以上と六位以下には大きな差があったわけですが、『続日本紀』では官人の人事異動は五位以上の者しか記録しないという原則があるのです。逆に五位以上の官

人の動向はもれなく書かれていますから、官人たちの昇進状況の比較など、さまざまな検討が可能となります。ついでに言えば、⑪の大伴旅人、彼は万葉歌人の一人としても有名ですが、それはともかく、彼の死亡を「薨」と表記しています。これも律令の規定にしたがっていて、三位以上の者が亡くなることを「薨」、四・五位は「卒」、六位以下は「死」と書き分けられます。ここにも位階による序列がはっきり表れるわけです。

①の祥瑞、④の日蝕、⑩の赤潮、いずれも担当の役所や国からの報告を受けて、記事となっています。つまり、官人たちは、日常と異なる発見や異変があれば、すぐさま政府に報告することが義務づけられていたのです、そして、おそらく、厖大な報告事項の中から、特に重要であると判断されたものだけが、『続日本紀』の記事として残されたと見るべきでしょう。

⑬⑭⑯の記事はきわめて珍しい例で、他にはありません。つまり、政府の閣僚を決めるにあたって、官人たちの意見を求めて、それを参考にして決定するという方法は、この時だけの措置です。今回の場合には、じつはウラがあって、第二講で少しふれたのですが（三二頁）、二年前の長屋王の変のあと、実権を握った藤原武智麻呂《むちまろ》が、さらに足元を固めるために、従来一名（自分と房前《ふささき》）だった藤原氏の閣僚ポストを倍にして、四兄弟全員を閣僚にしようと聖武天皇に持ちかけ、それを抵抗なく実現させるための方策としてとられたのが、「官人アンケート」だったのです。他の人の参議任命は「ついで」のようなもので、実態は宇合と麻呂の入閣が目的だったと考えます。これはつまり、記事の「裏側」

まで読みとることによって、事実の一面が見えてくる例と言えるでしょう。

以上、やや細かい説明になりましたが、実際の記事を取り上げて、『続日本紀』というものの性格の一端を見てきました。『続日本紀』全四〇巻を丁寧に読むことが、奈良時代を研究するための基本であることが、少しわかってもらえたのではないでしょうか。

## 3 木簡

### 発掘調査

木簡の説明に入る前に、発掘調査について簡単に述べておきましょう。発掘調査を行う人は考古学の専門家だと思われがちですが、全員がそうではありません。建築史や庭園史、あるいは歴史学の人も参加して発掘調査を行い、さまざまな面から検討を加えて、成果をあげているのです。私も専門は歴史学（日本古代史）ですが、一七年間、平城宮・藤原宮・飛鳥などの調査に従事してきました。

発掘調査というと、とかく、土器や瓦や木簡といった「モノを掘り出す」のが目的のように考えられていますが、それは目的のごく一部にすぎません。では、発掘調査の一番の目的は何かというと、「ある時代の生活の痕跡を探すこと」だと言って良いと思います。

現在の地面を少しずつ掘り下げてゆくと、色や質の違った土が層状に積み重なっていることがわかります。そして、それぞれの土の中には、さまざまなモノが含まれています。たとえば、図37のような土層断面のaからは大正・昭和頃の缶詰の破片、bからは江戸時代の瀬戸物皿、cからは鎌倉時代頃の瓦片、dから奈良時代の須恵器、がそれぞれ見つかり、eからは何も出なかった――とします。すると、それぞれの土層の年代を推定することができます。つまり、aの土層は、江戸時代よりも新しく、大正・昭和を中に含んで現在までの時期にたまった、またはその間に造成したもの、bは鎌倉時代よりも新しく、大正・昭和までは時代が下らない時期、と言えます。こうしたことを丁寧に調べて行くと、a〜dの層位の年代をある程度絞ることが可能になります。

そうした上で、大事なのは、それぞれの土層の境目です。土層の境目というのは、「ある時代の地表面」だからです。先ほど、土層がある時期に「たまった」あるいは「造成した」と言いましたが、一〇〇年や二〇〇年くらいの年数では、自然に「たまる」土の量はほんのわずかです。それに対して、家を建てるにしても田んぼをつくるにしても、人が土地に手を加える場合は必ずと言って良いほど土を盛ってから、つまり「造成」して行うものなのです。つまり、土層の境目というのは、ある時期に「造成」される以前の地面だった、ということになります。

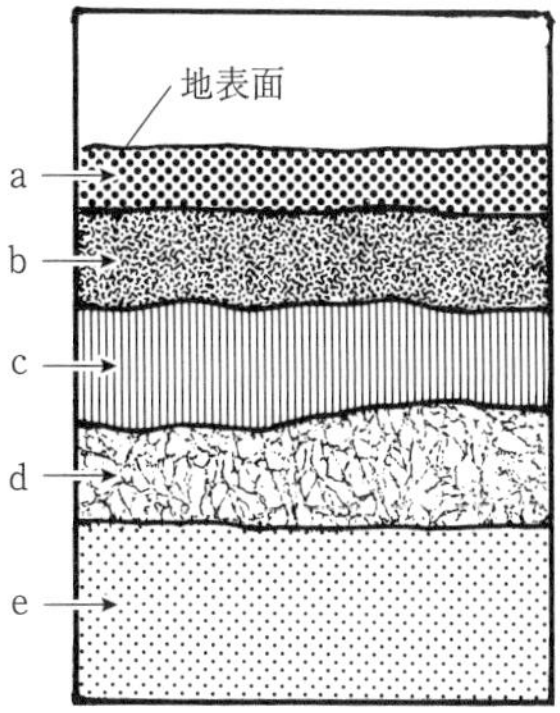

図37　土層模式図

発掘調査の目的として、「ある時代の生活の痕跡を探すこと」と言いました。それは、具体的には、その目指す時代の地面を確かめることが最初の仕事になります。平城宮跡の発掘調査では、奈良時代を主な対象としますから、上から少しずつ掘り下げていって、奈良時代のモノ（遺物）が出始めたら「要注意」で、そこからは特に丁寧に遺物を拾いながら掘り進め、その土層が変化する面つまり、先の例ではdとeの境目、つまりeの上面が奈良時代の地面、ということになります。

こうして目指す時代の地面を確かめると、その面をきれいに均《な》らしながら、そこに加えられた痕跡を探してゆくことになります。奈良時代の人が溝を掘ったり、井戸を掘ったり、建物の柱を建てたりするために地面を掘った所は、一度人の手が加わっていますから、後に土を埋め戻したとしても周囲とは土の色や土質が微妙に違います。注意深く土を観察しながら、そうした痕跡を探してゆくのが、発掘で最も大事なところです。

そうした地面に残された痕跡を明らかにし、それを測量し、写真や図面にとってから、最後に、その中を掘り下げてゆきます。すると、井戸や溝を埋めた土の中から、さまざまな遺物が出てきて、奈良時代の生活を示すような土器・瓦・木簡といったものが発見されることがある、というわけです。

## 日本木簡の特徴

中国や日本で文字を書くために短冊形（長方形）に削った竹や木の札を木簡と呼んでいます。中国では木簡のほかに「簡牘《かんとく》」と称されることもあり、また種類によって「簡」「牘」「両行《りょうこう》」「檄《げき》」「槧《ざん》」といった文字の使い分けもなされます。

材質でわける時は、「簡」は竹の札、「牘」は木でできた札のことであり、また大きさによる区分として、「簡」は長さ一尺で一枚に一行ずつ書くもの、「両行」は幅が広く二行書きのもの、「檄」・「槧」は長さがそれぞれ二尺、三尺の木簡を指します。ちなみに「檄」というのは軍隊の命令を書く大型の札ですが、これを至急送ることが「檄をとばす」の語源となっています。

これに対して日本の木簡は中国と比べて、竹の簡がなくすべて木の材に書かれている、規格性がなくて、大きさによる区別が意味をもたないという特徴があり、木簡という語で統一しています。日中の木簡の違いはこの他にも、日本には冊書《さくしょ》が存在しないという点も指摘されます。冊書とは二枚以上の木簡を紐でしばって横長にしたもので長い文章を書く時に使われるもので、そもそも「冊」という字はこの横にとじた木簡の形からできた漢字です。

こうした違いは木簡が使われはじめた年代の違いによります。つまり中国で出土する古い木簡は紀元前五世紀にまでさかのぼり、さらに甲骨文に「冊」という字があることから、実際は紀元前一二〇〇年以前から使用されていたのではないかと考えられるのに対して、日本の木簡で最古のものは七世紀初頭までしかさかのぼりません。つまり、中国では紙の発明以前から木簡が使用され、後の時代には紙に書かれるような事柄も木簡に書いて幅広く用いられていたのに対し、日本では初めから紙と併用されていたということになります。したがって、冊書は存在しませんし、そのために大きさを統一する必要もなく、木簡は一点ずつ単独で使われたと見てよいのです。

日本木簡の形は短冊形を基本としますが、ものによっては両端あるいは一端の左右に切込みを入れて加工したり、一端を尖らせたりしたものもあります。このような加工は木簡を物品などにくくりつけるために施したものであり、木簡の用途と形態は密接に関連します。大きさは大小さまざまですが、一五〜二五㌢程のものが比較的多く、材質はヒノキが約三分の二を占め、杉が三割ほどで、他はきわめて少ないようです。

### 木簡の発掘と内容

一九六一年一月、奈良市・平城宮の土坑《どこう》（ゴミ穴）から四〇点の木簡が出土したことが、日本における木簡発掘の契機となり、それ以降、平城宮をはじめとする都城を中心に出土例が増し、現在では全国で五〇〇ヵ所以上の遺跡から、合計三〇万点をこえる木簡の出土を見ています。

木簡出土の遺跡は、平城宮と平城京が圧倒的に多く、藤原宮、長岡京などの古代の都城からの出土がこれに次ぎ、古代の遺跡としては都城の他に地方の官衙《かんが》（国府や郡衙）などからの出土例も増加しています。つまり、木簡がよく使われていた場所で多く出土しているわけです。また、木簡の使用は古代に限らず、中世以降の出土例もかなりありますが、ここでは省略します。

木簡が出土するのは、遺跡の中では主に溝・井戸・土坑（ゴミ穴）・柱穴などからです。これらの共通点は、地表から比較的深いところにあり、空気・日光に触れることが少なく、水分が多いということで、そのことが一〇〇〇年以上も木簡が残存するための条件となります。出土した木簡の成分はセルロースなどの樹成分がなくなり、かわりに地下水が木の中に入り込んでいるためにかろうじて形を保っているのです。また右に挙げたような場所から出土するということは、いずれも当時において使用済みになり、捨てられた木簡が残ったということで、ほとんどの木簡は割れたり折れたりしていて、原形が残っているものはごく希な例と言えます。また、木簡を刀子《とうす》（ナイフ）で削って再使用する際にできた薄い木片（削屑《けずりくず》）の点数が多いのも特徴的で、細かい破片ながら貴重な史料となっています。たとえば三万五〇〇〇点の長屋王家木簡のうち、実に九〇％以上が削屑の点数なのです。

次に、木簡に書かれた内容にうつります。内容はさまざまで各方面におよびますが、それを分類するとおおよそ次のようになります。

A…文書　人や物の移動に関するやりとりを記したもので、たとえば物品を請求した木簡とか、官人の呼び出し状とか、政務の報告をした木簡などがあり、紙の文書と同様に差出人と宛先を明記するのが一つの典型です。

B…記録　Aのように役所間あるいは官人と役所との間で取り交わすというのではなく、移動せずに一つの場所で使われる木簡で、たとえばある役所での物品の出納記録とか、官人の勤務評定をする時のカードとして使われた木簡などが挙げられます。

C…荷札《にふだ》　全国から都へ運ばれる多種多様な税の品につけられた札のことで、某国某郡の某が何をどれだけ負担したものかがただちにわかるように書かれています。木簡全体の中で占める荷札の割合は高いと言えます。

D…付札《つけふだ》　これも物品につけられた木簡ですが、Cのように地方でつけられた荷札ではなく、いったん都へ運び込まれた後、収納・保管に際して、物品の管理・整理のためにつけられた札のことで、これには国郡名や税目などは記さず、品目名と数量など簡単な記載であり、概して小型です。

E…その他　AからDに分類できないものとして、習書《しゅうしょ》・告知札《こくちさつ》・題箋軸《だいせんじく》・呪符《じゅふ》などがあります。習書は同じ文字を繰り返し書いて練習した木簡、告知札は往来に立てて人々に知らせた立て看板。題箋軸とは巻物の文書の軸で、軸の一端を幅広く作って、そこに見出しを書き入れたもの。呪符はまじないに使われた木簡です。

これらのうち、A・Bなどの木簡を検討することによって、官人の生活や仕事ぶり、政務のあり方などがきわめて具体的にわかります。また、C・Dなどを分析すると、当時の税制の内容、その収取の仕組みなどが詳しく判明し、さらに各地から貢進された特産品の種類とか、それを受け取って消費する都人の食生活なども復元することができるわけです。

## 長屋王家木簡を例に

木簡の例として長屋王家木簡から、二、三紹介してみましょう。

長屋王家木簡とは、平城京内の宅地の一郭から大量に出土した木簡のことで、その内容から、発掘場所が奈良時代前期の王族、長屋王の邸宅だったことがわかったという発見でした。木簡全体は、長屋王家を取り仕切る役所「長屋王家令所」に集められたものと考えられます。点数が厖大で、かつ内容が具体的なために、当時の貴族の家の中の様子がきわめて具体的に判明した、注目すべき木簡群でした。ここでは、詳しくふれる余裕がないので、前項で説明した分類の例として挙げるにとどめます。

①・雅楽寮移長屋王家令所　平群朝臣広足　右人請因倭儛
・故移　十二月廿四日　少属白鳥史豊麻呂　少允船連豊

②・山背薗司　進上　大根四束　交菜二斗　遣諸月
・和銅七月十二月四日　大人

③・内親王御所進米一升
・受　小長谷吉備　十月十四日　書吏

④・牛乳煎人一口米七合五勺受稲万呂
・十月四日大嶋

⑤　無位出雲臣安麻呂年廿九 山背国乙当郡　上日日三百廿 夕一百八十五　并五百五

⑥・周防国大嶋郡務理里佐伯部波都支御調塩

・　三斗

⑦　韓奈須比二斗

①と②が文書木簡、③④⑤が記録木簡、⑥が荷札木簡、⑦が付札木簡となります。

①は、平城宮にあった雅楽寮《ががくりょう》という役所から、長屋王家令所《かれいしょ》に対して、倭舞《やまとまい》の上手な平群朝臣広足《へぐりのあそんひろたり》を貸して欲しいと伝えたもの。彼は長屋王家に仕える下級官人の一人です。宮廷の儀式で舞人の人員が不足したのでしょうか。②は長屋王家の出先である山背薗司《やましろそのつかさ》から、大根などの野菜を送ってきた時の送り状です。この「山背」とは大阪府河南町付近の地名で、そこに長屋王は土地をもっていて、その畑の耕作と管理のために官人を派遣していたようです。こうした土地が奈良県や大阪府などに何ヵ所かあったことも初めてわかりました。①②ともに、差出の役所で書かれ、そこから長屋王家宛てに移動してきた木簡です。

③と④は、邸宅内の米を管理する部局で、毎日、米を支出したことを書きとどめた木簡です。③の「内親王」とは長屋王の夫人である「吉備《きび》内親王」のこと、④で米を支給された「牛乳煎人」とは牛乳を煮つめて「蘇」という品をつくる人のことです。このタイプの木簡が多数発見されたことによって、邸宅の中ではさまざまな職種の人が働いていたことがわかりました。

⑤は、長屋王家に仕える下級官人の勤務評定の木簡ですが、これは第六講で説明したので省略します。

⑥は、周防国大嶋郡務理里（山口県の屋代島）に住む佐伯部波都支《さえきべのはづき》が、調として塩三斗を納めたことを示す納税証明としての荷札木簡です。島で生産した塩の俵に木簡が括りつけられて都まで運ばれてきたもので、平城宮などで見つかる荷札木簡と書き方が全く同じです。

⑦は、ナスビ（韓奈須比《からなすび》）につけた付札で、これは邸宅内でつけたのかもしれません。他の木簡の例からすると、漬物のナスビのようです。

ここでは、ほんの一部の紹介でしたが、大量の木簡を集めて検討すると、長屋王家というものが、一つの役所のような規模をもっていて、そこに所属する下級官人、出入りするさまざまな人々、あるいは、そこに住む長屋王の一族などが復元できます。また、米・塩・牛乳・ナスビだけではなくさまざまな食材が木簡に見えたり、家の中で出産をひかえている女性がいてその助産婦さんがいたり、馬・犬・鶴といった飼っていた動物もわかるなど、まさに家の中の様子が手に取るように見えてくるのが長屋王家木簡の大きな魅力になっているのです。

## 4　編纂物と生の史料

### 残そうとした史料と残った史料

ここまで、歴史を考える上で最も大事な材料は史料であること、そして史料にはさまざまな種類があること、を述べてきました。史料の分類として四つに区分してみましたが、これは史料のいわば中身によるわけ方でした。これを別の角度からわけることもできます。それは史料としての性質による区分で、「後世に残そうとした史料」と「偶然に残った史料」というわけ方です。両者を対比すれば次のようになります。

Ⅰ　「後世に残そうとした史料」＝ⅰ正史、ⅱ法令集、ⅲ文学作品、ⅳｂ・ｃ

Ⅱ　「偶然に残った史料」＝ⅳａ・ｄ

Ⅰの代表的なものは、ⅰでしょう。国の歴史をまとめるということは、すなわち後世に国の歩みを残すための国家事業の一つだからです。またⅱの法令集も、当時の官人たちの必要があって作られたものですが、それらの法令がきわめて重要とされたために、さまざまな形で書き写されて今日に残っていると言えます。ⅲも同様です。またⅳのｂ日記についても、貴族が自分の子孫に伝えるという点ではⅠに属します。ⅳのｃ金石文も「記念として」作られたものですから同様です。これらは、ⅳｃ

を例外とすれば、他はいずれも「本」の形にまとめられて、後世に伝わったもの、とも言えます。これを「編纂物《へんさんぶつ》」と言います。

一方、Ⅱとしたⅳa正倉院文書やⅳd木簡等の出土文字資料は、意識的に後世まで残そうとしたものではありません。奈良時代に使用済みとなり、「お蔵入り」した古文書と、ゴミとして廃棄された木簡などが、いわば偶然に残ってしまったものなのです。これまで例として挙げたように、「下痢による休暇願い」とか「借金証文」といったものは、当時の実態をそのまま示す「生の史料」なのです。つまり、後々の人のために書き残そうと意図した古文書も木簡もないわけです。

そして、ⅠとⅡの二種類の史料があるということが、私たち後世の者が歴史を考える上で、とても有り難いことなのです。先に史料の中で基本となるのは、ⅰの正史であり、ⅱの法令集だという話をしましたが、それは、当時の政府や官人たちが「大事だ」と考えて「後世に残した」記録だからです。私たちから見ても、それらは大事なことが多いわけです。しかし、私たちが知りたいのは、それだけではありません。

天皇の動向や歴史的事件と同じように、奈良時代の人々がどんな暮らしをしていたのか、官人はどんな仕事ぶりだったのか、食事はどうしていたのか（昼食が弁当なのか給食なのかなども問題です）、普段に着る物はどういうものだったのか、などなど、知りたいことがたくさんあり、そうしたさまざまなことやデータをもとにして、パズルのピースを組み立てるように歴史を復元していきたいのです。

しかし、ⅰやⅱの史料は、当時の人々の常識となっていること、あるいは特に大事だとは考えなかった日常的なことについては、全く何も書き残してくれません。「ないものねだり」かもしれませんが、そのことがⅠに区分した編纂物の大きな弱点となっているのです。

そうしたことを補ってくれるのが、Ⅱの古文書であり木簡だということになります。新たに木簡が発見され、そこに「思いがけないこと」が書いてあり、大きな話題になることがあるでしょう。しかし、それは歴史的事件といった意味での「思いがけないこと」ではありません。むしろ、今まで注目されることのなかった日常生活の一側面が「思いがけなく」わかったという例がほとんどなのです。

## 木簡はウソつかない

もう一点、ⅠとⅡの違いを挙げてみましょう。Ⅰの代表として『続日本紀』ですが、歴史書として書かれた信頼度の高い史料であることは何度か繰り返してきました。しかし、そこには本当にウソはないのでしょうか。

『続日本紀』の成立はやや複雑でいっぺんにできあがったわけではありません。最初に編纂を始めたのは淳仁《じゅんにん》天皇の頃で、その中心人物は藤原仲麻呂でした。『日本書紀』に次ぐ正史を作らなければならない、という強い意志のもとに六九七年から七五八年までの記事（A）を集めてまとめようとしたのですが、仲麻呂の変によって完成をみることなく編纂が中断してしまいました。次に、光仁《こうにん》天皇の時代になって、残された草稿（A）に手を加え、さらに七七七年までの記事（B）を追加して完成を目指したのですが、これも中断します。

こうした二度の編纂作業をふまえて、桓武天皇は改めて『続日本紀』の完成を指示しました。そこで藤原継縄《つぐただ》と菅野真道《すがののまみち》といった官人たちが集められ、まず（A）を添削して分量を減らして前半二〇巻とし、（B）も同様に手を加え、さらに七七八年から七九一年までの記事を（B）に追加して後半二〇巻とし、合計四〇巻として完成しました。延暦一六年（七九七）のことです。

以上のような複雑な成立事情を反映して、同じ『続日本紀』でも前半は記事がやや簡略化されているのに対して、後半はかなり詳しい書き方になっているといったアンバランスが生じています。それよりもここで大事なことは、前の原稿を書き直したということです。編纂の第二段階（光仁朝）で、前の記事（A）に手を加えたと言いましたが、おそらく、それは藤原仲麻呂の絶頂期に書かれた記事を、その没落後の時代の評価にしたがって、相当に書き換えたのだろうと思います。特に天平宝字元年（七五七）を扱う一巻は、十分に加筆ができずに中断してしまったと言います。天平宝字元年とは、橘奈良麻呂《ならまろ》の変が起こり、それをきっかけにして、藤原仲麻呂が完全に権力を掌握した年にあたります。この部分は、桓武朝の最終段階で手を入れて、ようやく現在、私たちが見るような記事として完成したわけです。

したがって、今では想像するしかないのですが、『続日本紀』の第一原稿と第二・第三原稿とでは、藤原仲麻呂に関する記事に相当大きな違いがあったはずなのです。それは正史を編纂する立場が違うと、評価の違いとなって表れることを示します。これを正史のウソとは言いませんが、少なくとも「評価が揺れ動く」ことがある、ということです。

『続日本紀』の一つ前の『日本書紀』に見える聖徳太子についても似たような事情があります。『日本書紀』が完成した七二〇年頃には、聖徳太子がきわめて優れた人物であったという「太子信仰」がすでに見られますから、それが一部記事に反映しているのです。したがって、太子の評価が事実以上に高い、ということを念頭において、いわばその点を「割り引いて」読まないと、事実誤認をする恐れがあるのです。

以上、正史といえども、その記事をそのまま鵜呑《うの》みにすることができない、ということを述べてきました。これに対してⅡ「偶然に残った」木簡などは、そうした心配がありません。

大学寮解　申宿直官人事　少允従六位上紀朝臣直人<br>神護景雲四年八月卅日

これは、平城宮の式部省跡で発見された木簡ですが、大学寮から宿直した官人名を式部省に報告したもので、七七〇年八月三〇日は、大学寮の少允《しょうじょう》を務める紀朝臣直人が宿直した事実を疑う可能性は〇%です。歴史的に重要かどうかはともかくとして、木簡には事実そのものが書かれていると考えて構わないわけです。昔の映画のせりふではありませんが、「木簡とインディアンはウソつかない」(?・)。これが「生の史料」の最大の強みなのです。

ただし、こうした木簡が一点だけでは、多くの事実を引き出すことはできません。たくさんの木簡を集め、総合的に比較検討し、さらに正史や法令集に書かれている事柄とつき合わせることによって、重要な事実の一端が解明されることになるのです。

# 第九講　東アジアの中で

——古代の外交——

遣唐使船復元模型

## 1　聖徳太子の「対等外交」

### 中華と外交

最後に、目を海外にうつして、古代の外交について考えてみましょう。

東アジアの外交を問題にする時、まず注意しなければならないことは、現代の外交の常識が通用しない、ということだと思います。つまり、「独立した主権をお互いに認め合う国どうしの対等な外交交渉」などというものは、一九世紀以前の東アジアには存在しなかったと見るべきなのです。それならば、東アジアの外交とはどういうものか、を簡単に言えば、次のような形をとりました。

Bという王が、Aという王の人徳を慕って、貢ぎ物をもって挨拶に出かけ（朝貢《ちょうこう》）、Aはそれに対して「はるばる遠い所からご苦労であった」と答えて褒美の品を下す。――というのが外交の形でした。このAだけが「皇帝」と呼ばれ、Bは皇帝から「王」の称号を認めてもらう辺境の国王でした。皇帝こそが地上を支配する唯一の存在だったのです。そして、王とは、皇帝の支配が直接に及ばない辺境の地域を、皇帝の委託を受けて支配するいわば「自治区の首長」のようなものだったのです。そして、東アジアにおいて皇帝のいる所が「中華」つまり中国でした。

世界の中心に皇帝がいて、その場所から外に向かって同心円のように広がる地域があり、それぞれ皇帝の徳の及び方に濃淡があった、と考えられていたようです。まず、皇帝の支配が直接に及ぶ範囲が「帝国」で、その外には、皇帝が地域の代表者を「王」として任命し定期的な朝貢が義務づけられた「冊封国《さくほうこく》」、さらにその外側には交易を望み遠隔地から不定期で朝貢しても良いという扱いの「朝貢国」があり、そしてその外は皇帝支配が及ばない「絶域《ぜついき》」つまり地の果てだったのです。

このような中国中心の思想（中華思想）を東アジア全体の常識として「外交」が行われていたのです。そうすると、中国の周辺にあたる朝鮮半島や日本列島の「王」たちは、自分たちをどのように位置づけてもらうか、ということを前提にして外交を行うことになります。「冊封国」「朝貢国」「絶域」それぞれでは扱いが違い、義務とか責任とか自由の度合いなどが違うわけです。

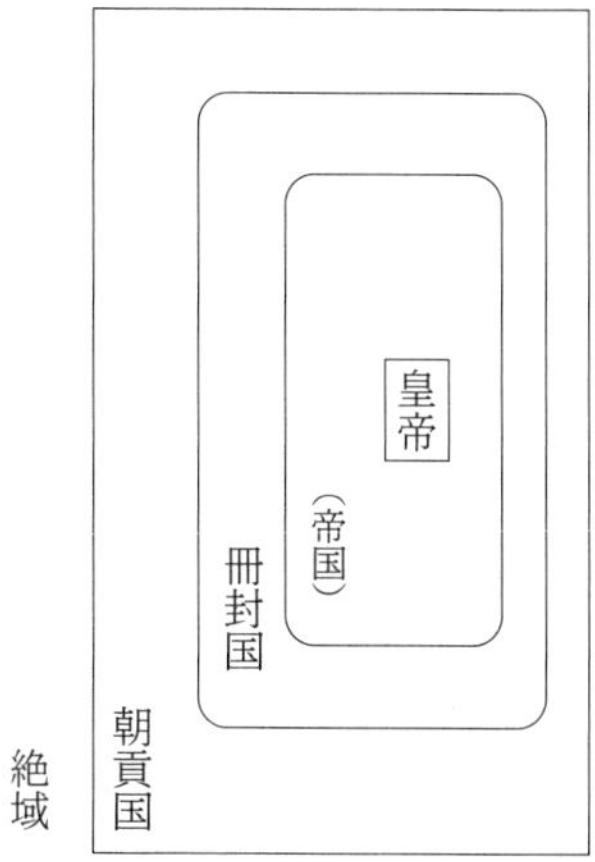

図38　中華思想の模式図

## 聖徳太子の外交

以上の点をふまえて、日本の対中国外交を考えてみましょう。

まず、有名な話として、七世紀初めの聖徳太子による対隋外交を取り上げます。聖徳太子は、隋の煬帝《ようだい》に対して「日《ひ》出《いず》る処《ところ》の天子、書を日没する処の天子に致す。恙《つつが》なきや……」という国書（外交文書）を送って対等外交を行おうとしたが、煬帝はこれに激怒した、という話になっているのですが、これも事実はかなり異なるものと考えます。

聖徳太子より前の中国との関係は、倭の五王の時代で、おおよそ五世紀のことでした。中国の史料に讃・珍・済・興・武と表記された倭の五人の王が、中国南朝の皇帝に相次いで朝貢して、皇帝から「安東将軍倭国王」に任命する、といった称号を受けていました。これは、先に述べた中国中心の世界観で言えば、中国の「冊封国」の一つとして位置づけられていたわけです。したがって、倭王は定期的に中国に朝貢する必要があり、また国内的には中国皇帝の委託を受けて支配するのだ、という権威づけともなっていたのです。ところが、その後、中国は南北朝の内乱が激化したこともあって、倭王は、四七八年の遣使を最後に、中国への朝貢をしばらく行わず、その「冊封」関係から離脱していたと考えられます。

五八九年に隋が中国全土を統一し、大きな勢力を得たという情報が朝鮮半島からもたらされ、再び、中国との関係をどうすべきか、が問題として浮かび上がったのが、ちょうど推古《すいこ》天皇・聖徳太子の時代だったのです。その時、聖徳太子たちが考えたのは、倭の五王と同じ関係、つまりは朝鮮三国（高句麗・新羅・百済）と同じように冊封国になるのではなくて、やや距離を置いた関係を築こうとしたのではないか、というのが私の考えです。ところが、そのためにはどのような国書を持参し、どのような交渉をすべきか、がわからなかったのではないでしょうか。そこで考えた末に書き上げた国書が、先に挙げた「日出る処の天子、書を日没する処の天子に致す」だったのです。これに対して、隋の皇帝は激怒した、というよりも、その後の動きを見ると、「呆《あき》れた」のだろうと思います。「やれやれ倭王というのは、礼儀を全く知らないヤツだなあ。誰かが倭国に行って、ちゃんと教えてあげなさい」ということで、翌年に倭に派遣された隋の使者が裴世清《はいせいせい》でした。

初めて中国皇帝の使者を我が国に迎えるということで、大和朝廷では大変な準備をし、小墾田宮《おはりだのみや》においで丁重な応対をしたことでしょうが、その交渉を経て、ようやく倭と隋との関係が決まりました。それは先の区分で言えば、「冊封国」ではなく「朝貢国」となる、ということで決着したのだと思います。

倭王は裴世清に対して「われ聞く。海西に大隋ありて礼儀の国なりと。ゆえに使《つかい》を遣《つかわ》して朝貢せむ。……」(『隋書』)と言ったと伝え、日本側の史料でも、隋に対して、「東の皇帝、敬んで西の皇帝にもうす。使人裴世清等いたりて、久しき憶《おも》い、まさに解《と》けぬ。……」という国書を送ったと書いてあります(『日本書紀』)。『隋書』も『日本書紀』もそれぞれの国の立場で書いていますから、文章のままをすべてを事実と見ることはできませんが、少なくとも、両国の態度が前回に比べてかなり軟化していることがわかります。また、傍線部分は、私の解釈では、「裴世清の来日によって、外交の何たるかがよくわかるようになりました」という意味だと考えます。

朝貢国ですから、冊封国と違って「＊＊将軍倭国王」といった称号を受けることはなく、また定期的な朝貢ではなく、不定期に使者を送るだけで良くなり、それがその後の遣隋使、遣唐使の派遣方式に繋《つな》がっていきました。この点は冊封国として密接な関係を持ち続けた朝鮮三国とは違った道を選択したわけですが、そのことは「独自の外交」でもないし、ましてや「対等外交」ではありえないと考えます。

## 国書の紛失

冊封関係であれ、朝貢関係であれ、中国の皇帝に対して挨拶に行くわけですから、当然ながら「国書」のやりとりはあったわけです。そして、それは今まで述べてきたような東アジア外交の「常識」にしたがった書き方だったはずです。しかし、国内的には、そのことは納得されたのでしょうか。ここが問題です。これまで、一般的に考えられてきたように、聖徳太子は隋に対して「対等外交」を展開したのだという説は、日本側の史料である『日本書紀』に基づいた解釈だったのです。つまり『日本書紀』は、そう読まれるように書いてある、ということであって、国内の人々にとって「対隋外交は対等」というのが公式見解だった、と言って良いでしょう。これには、聖徳太子という人物がきわめて優れた政治家であり、外交も従来とは違った方針を打ち出したのだ、という「聖徳太子偉人説」といった事実以上の強調が見られることも要因の一つですが、それだけではなく、日本古代を通じての外交観の反映と見るべきでしょう。

その外交観とは、大国である中国に対しては「できれば対等でありたい」と考え、一方、朝鮮諸国に対しては、むしろ日本の側が「朝貢を受ける立場にある」というものでした。それは国際的にはほとんど通用しない考えですが、国内向けにはそう主張し続けるのが古代に一貫した考え方でした。そのことが、後で述べる朝鮮諸国との外交上のトラブルに結びつくわけです。

そうなると、直接外交にあたった官人たちの苦労は並大抵ではなかったのではないかと想像します。たとえば、中国に使者が行くにあたって国書を作る場合、朝貢国として皇帝宛の文章を書けば、大臣や天皇の決済を受けるにあたって「軟弱だ」と叱られる。しかしそうした文章にしないと、中国では受け取ってもらえないことを外交官だけはわかっている、ということです。逆に、使者が中国に到着して皇帝に謁見すると、先方からも国書が下される。すると、それは日本の天皇を「朝貢国の王」として扱う文章になっているのは当然です。「こんな文章を日本に持って帰ったら、どんなひどい目にあうか」使者の苦労が目に見えるようです。

そこで起こるのが「国書紛失事件」です。たとえば、推古天皇の一六年(六〇八)に、かの有名な小野妹子《おののいもこ》が遣隋使となって中国を訪れ、帰りに国書を授けられました。帰国後の彼の報告は次のようになっています。

「皇帝に謁見した後、皇帝は国書をくだされた。ところが帰国途中に百済を通った時に、百済人に盗まれてしまいまして、天皇にお見せすることができません」。

おそらく事実ではないでしょう。外交官の「つらい言い訳」だと思います。そして、こうした国書をめぐるトラブルはこの時だけではなく、古代を通じてしょっちゅう起こっているのです。それはつまり、繰り返しますが、古代の東アジアの外交をよく知っている外交官と、国内の人々の「日本は大国だ」といった意識との大きなズレを示しているのだと思います。そして、実はそうした「内向きの顔」と「外面《そとづら》」の違いということは、いつの時代にもあることではないでしょうか。

## 2 国号「日本」の成立

### 大宝の遣唐使

聖徳太子の対隋外交から約一〇〇年後、八世紀初めまで話はとびます。この間に隋は倒れ、六一八年からは唐が中国を支配していました。日本も六三〇年から遣唐使を派遣しますが、それも六六九年を最後に断絶状態でした。そして三十数年ぶりに遣唐使の派遣が決定したのが七〇一年（大宝元）のことです。

七〇二年一〇月、第七次遣唐使に任命された粟田真人《あわたのまひと》の一行は中国の沿岸に到着しました。早速、唐側の官人が現れ、おおよそ以下のような問答が交わされたと『続日本紀《しょくにほんぎ》』は伝えています。

唐の官人「どこから来られた使者か？」

粟田真人「日本国の使者です。ここは何州ですか？」
唐の官人「大周国の楚州です」
粟田真人「前は大唐だったが大周に変わったのですか？」
唐の官人「則天武后《そくてんぶこう》が即位されて国号を変えられました」

この後、粟田真人は唐の都長安に向かい、おそらく大明宮の含元殿で則天武后に謁見しました。さらに武后は麟徳殿《りんとくでん》で一席を設けて日本の使節をもてなし、真人らは無事使命を果たして七〇四年（慶雲元）七月に帰国しました。

この大宝の遣唐使はさまざまな点で注目される使者でした。まず第一は、初めて「日本」という国号を自称したことです。それまでは「倭」と称していたのですから、唐の官人は驚いたでしょうし、国号の変更を認めてもらうための外交交渉も行われたことでしょう。そもそも、国内では国号というのは問題とはならず、対外関係においてこそ表明されるものですから、そうした意味では「日本」の始まりはこの時点から、ということもできます。

注目される第二は、前回の派遣以来長い断絶があって久しぶりに派遣された使者であったことです。この三〇年余の断絶には意味があります。日本は六六三年、白村江《はくそんこう・はくすきのえ》の戦いで唐・新羅連合軍に大敗を喫しました。それからしばらくは両国による侵攻の可能性に脅えながらも、国内の支配強化に努力し、ようやく国家としての制度を整えた期間でした。その間には海外の事情も変化し、唐は朝鮮半島から撤退して比較的安定した情勢を迎えつつありました。

第一講で、大宝元年という年が日本古代にとって画期的な年だということを述べました（一八〜二〇頁）。もういちど繰り返すと、「大宝」という本格的な年号が始まったこと、律と令を完備した本格的な法令集「大宝律令」が完成したこと、そしてのちの聖武《しょうむ》天皇・光明《こうみょう》皇后が誕生したことなど、を挙げました。これらもあわせて考えると、大宝二年に派遣された遣唐使は、日本もようやく「れっきとした国家」をつくり上げた、という自信をもって唐に出かけていった使者だったのです。その時に初めて、「倭」ではなくて「日本」という国号を称したのも、そういった意識の表れと見るべきでしょう。

しかし、そうした使命を受けながらも、粟田真人は大いに苦労したのではないかと想像されます。当時の東アジア世界においては、国の名前を皇帝の許しもなく勝手に変更することなどはできなかったのではないか、と思われるからです。しかし、ともかくも粟田真人は「日本」の国号を認めてもらった上で、無事帰国しています。しかも、中国側からは「好んで経史《けいし》を読み、文を属《つづ》るを解し、容止《ようし》温雅《おんが》なり」とその人柄を讃えられているところを見ると、彼は微妙な交渉をうまくやり遂げた有能な外交官だったように思われます。

## 年号と律令

ここで、もう一つ考えたいのは、独自の年号や律令をもつ、ということの意味です。同じ頃の朝鮮では新羅が統一をはたして、唐から冊封を受けていました。五〇年ほどさかのぼると、高句麗・百済・新羅の三国時代でしたが、いずれも日本に比べれば、政治・経済・社会が発達していた先進国だったと考えられます。しかし三国は独自の年号・律令・貨幣をもっていませんでしたし、統一新羅もそれらをもつようになるのは、かなり時代が下ってからのことです。それは何故かということなのですが、日本の方が朝鮮諸国よりも国家として充実していたからではありません。私はこれこそが「冊封国」と「朝貢国」の違いだと考えます。つまり、朝鮮の諸国は、唐に対してより近い関係にあったために、独自の制度が認められず、唐の年号・律令に従うべきだったのです。これに対して、一歩離れた立場にある日本は、いわば唐の規制がゆるくて、年号や律令を別に定めても、それほど大きな問題とはされなかったのだ、と思います。

変なたとえですが、高校生が酒を飲んでいると、ガンコ親爺に「コラ！　酒は大人になってから飲め！」と怒られるけれど、小学生がビールをちょっと飲んでも「この子は、大きくなったら飲んべえになるなあ」と笑ってすまされるといった違い、というのはどうでしょうか。この場合、高校生が冊封国、小学生が朝貢国ということになります。

大宝の遣唐使の目的の一つに、大宝律令を見せに行ったのだ、という説がありますが、私はそれは違うと思っています。中国の律令が唯一絶対だと思っている皇帝に、朝貢国ごときが別の律令をもっている、などということは、大っぴらに言えることではないはずだからです。あるいはそうではなくて、かりに粟田真人が口頭で「年号も律令も作りました」と言ったとしても、「ああ、そう」と目くじらをたてるほどの問題にはされなかったのかもしれません。

## 3　朝鮮諸国との外交

### 意識の違い

ここまで、日本の外交として主に中国との関係を見てきましたが、もう一つ重要な相手国が新羅など朝鮮諸国で、その関係がかなりややこしいのです。これを簡単に言えば、お互いの認識が全然違うのと、それぞれ国内向けと外向きの両面があること、さらに時々の政治的な情勢の変化、などが複雑にからみあっているからです。

日本の公式の立場は、おおよそ次のようなものでした。新羅は唐の冊封国に位置づけられているが、日本はその外側に立っていて、唐の直接的な支配下にはない。歴史的に見て、朝鮮半島の一部「任《み ま》那《な》」を日本が支配していたことがあり、今は日本が新羅にそこの支配を委ねているのだから新羅は任那の調（みつぎもの）を代わりに持参すべきである。つまり、新羅は日本に朝貢すべき関係にある。日本に朝貢すべきところは、新羅だけでなく、東北の蝦夷《えみし》や九州の隼人《はやと》もいる、というのです。つまり、唐を中心とした世界とは別のミニ中華世界があって、その中心に天皇がいる、という考え方なのです。

一方、新羅から見れば、自分たちは唐により近い冊封国であり、定期的に唐と接触をもっているのに、日本はその外側の朝貢国にすぎないではないか、つまり東アジアでの序列でいえば、新羅の方がはるかに上にいると考えます。文化レベルも経済レベルも同様に新羅が優れている。したがって、新羅が日本に頭を低くして「朝貢」するなどとんでもない。任那を支配していたなどというのは、たんなる伝説であって事実ではない、とあくまで朝鮮の優位を主張します。

これでは、良好な外交関係などはとても望めないわけですが、それでも奈良時代には、その時々の事情があって、必ずしも対立するばかりではありませんでした。新羅からすると、唐との関係がうまくいっている時は、日本に対して「強気」に出られます。しかし、関係が悪くなると、イザという時に背後から攻められてはたまりませんから、そういう情勢の時には、やむを得ずに姿勢を低くしてでも、日本と仲良くしておく必要があったのです。

六六三年の白村江の戦いでは、日本が唐・新羅連合軍に大敗したわけですが、その後の朝鮮半島では、影響力を強めようとする唐と、独立して半島全体を支配したい新羅が対立するようになり、七世紀後半には両者の間に緊迫した関係が続きました。それまで手を結んでいた唐と新羅の対立は、敗戦国の日本からすると実に幸運だったのです。

なぜなら、六六三年以降、日本としては、いつ唐・新羅軍に攻め込まれるか、そして日本が滅ぼされて属国になるのではないか、という強い危機感がありました。そのための対策として、西日本各地に山城を築いたり、大宰府の防衛のための水城《みずき》をつくったり、都を飛鳥から近江大津宮に遷して、万が一に備える、といったことを次々に実施しました。ところが、両国が対立して、日本を攻めるどころではないという状況になり、日本としては一安心だったのです。

そして、唐と日本の関係はしばらく断絶状態になりますが、もう一方の新羅の方からは、逆に日本に接近してきて「仲良くしよう」という姿勢に変わりました。つまり、戦勝国の新羅が、不本意ながら日本に「朝貢する」形をとってでも国交を結ばなければならなかったのは、ひとえに唐との対立という事情があったからなのです。

八世紀に入ると、唐は朝鮮半島の直接支配をあきらめ、新羅の支配を認めるようになりました。つまり、唐と新羅の対立関係が修復されたのです。そうなると、新羅としては日本に対して屈辱的な姿勢で朝貢する必要性が薄れてきます。そこで、新羅から日本に派遣される使者は、朝貢という形式を少しずつ変更するようになり、日本側からすると、それは「無礼である」ということで、使者を追い返すといったトラブルがしきりに起こるようになるのです。

さらにそこに、八世紀初めに渤海《ぼっかい》という国が起こりました（図39）。朝鮮半島北方に住んでいた人々がつくった国で、かつて高句麗と言っていた国を受け継いだと称して、七二七年（神亀四）から

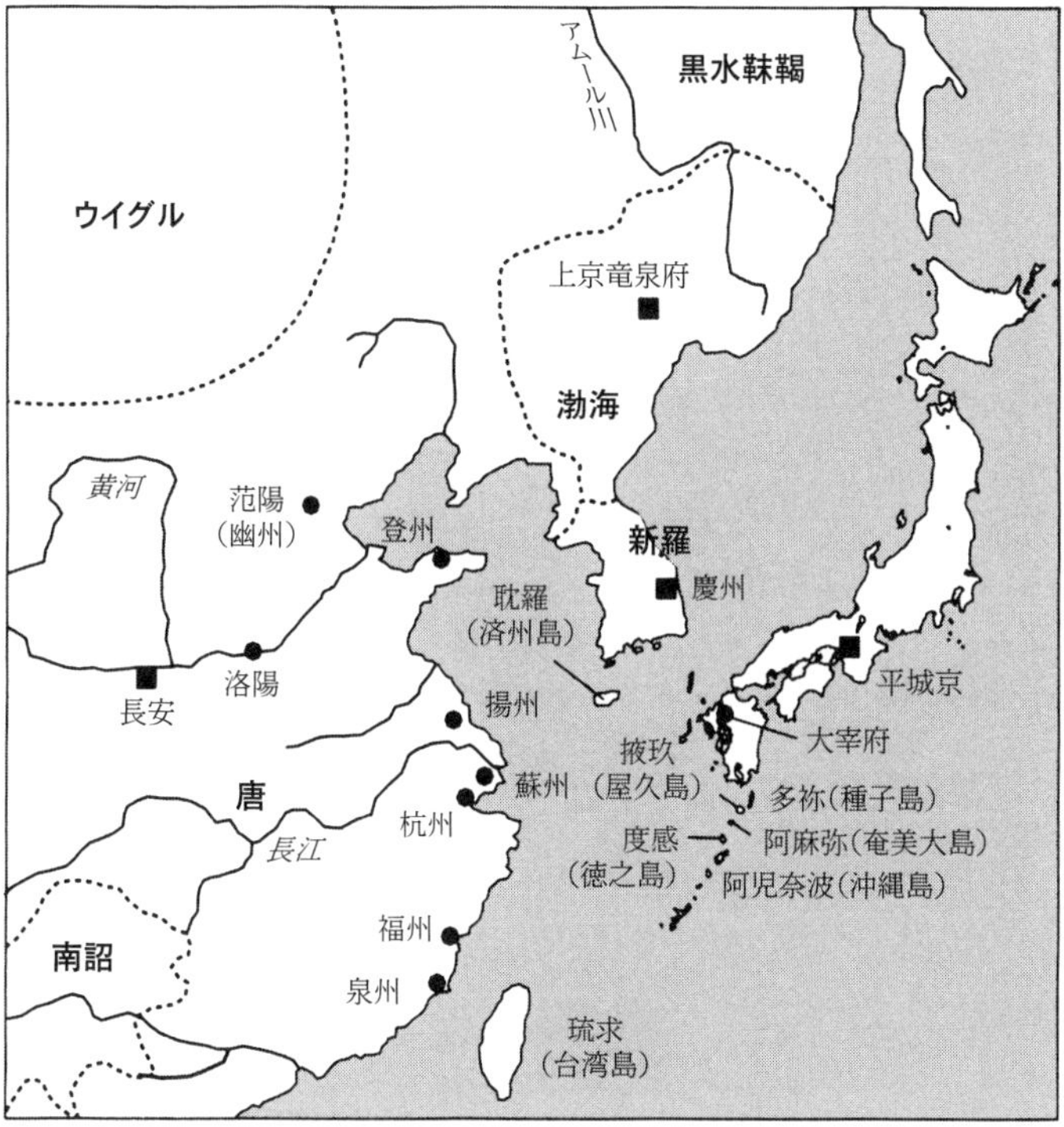


図 39　8 世紀の東アジア

日本に使者を派遣し、国交を結ぼうとしました。渤海は唐と新羅に挟まれていますから、国境を接する両者と対立することが多く、そのためには是非とも新羅の背後にある日本と仲良くしておきたいわけです。そうなると、この日・唐・渤・羅の四ヵ国の関係がますます複雑となり、目まぐるしく「外交」が展開していきます。

たとえば、七三五年（天平七）に唐が新羅に対して、大同江《だいどうこう》以南の領有を公式に認め、ここに両国の関係がきわめて安定します。すると、それ以降の新羅の日本に対する態度が高圧的になり、日本側からすると「許し難い態度だ」として、一触即発の状況になり、七三七年（天平九）頃には「新羅征討論」まで議論されるようになりました。そして、その間は渤海と日本とはお互いに良好な関係を維持し、唐・新羅に備えるといったぐあいです。

## 新羅征討計画

そうした状態が続いていた七五八年（天平宝字二）一二月に、遣渤海使として渤海に派遣されていた小野田守《おののたもり》が帰国し、渤海からの使者も伴ってきました。この時に小野田守が淳仁《じゅんにん》天皇・藤原仲麻呂に報告したのは驚くべき情報でした。唐では安禄山《あんろくざん》・史思明《ししめい》の乱が起こって国内が大混乱している、というのです。さらに渤海使を通じて渤海王が言うには、いまは唐には新羅を助けるような余裕がないので、この機会に日本と渤海が新羅を挟み撃ちにしよう、という提案だったらしいのです。

すでに政府内部の権力を確立していた仲麻呂は、「チャンス到来！」とばかりに、具体的な新羅征討の準備を命じました。白村江の戦いの時のような「行き当たりばったり」の方針ではなく、今回は三ヵ年計画をたてて周到に準備がなされました。節度使《せつどし》の設置、軍隊の編成、軍船の造営、「行軍式《こうぐんしき》」といわれる軍事作戦の作成など着々と進められました。戦いの時に必要だということで、少年を何人か選抜して新羅語の通訳養成をしたなどという史料もあります。こうした計画推進じたいがまた仲麻呂の権力集中を高めた、という面もあります。そもそも七三七年の新羅征討論の時の政権担当者が仲麻呂の父武智麻呂《むちまろ》でしたから、父親以来の懸案でもあったのです。

そしていよいよ征討軍を派遣して、新羅軍と全面戦争かという局面となりました。七六二年（天平宝字六）一一月に九州の香椎廟《かしいびょう》など全国の神社に「新羅を伐《う》つべき状」を報告し、さあ出兵というところまできたのですが、なぜかその後、征討の話が急速に消えていってしまうのです。どうしたことでしょうか。

同年一〇月に到着した渤海の使者は、新しい情報を伝えました。結局、安禄山と史思明は殺され、唐は安定を取り戻しつつある、というものでした。さらに情報を集めてみると、その間に渤海はちゃっかりと唐と仲直りをしているというのです。これでは、渤海が危険をおかしてまで、唐に近い新羅を討つ必要性が薄れてしまっていたのです。つまり、日本が新羅と戦争をしても、渤海が背後から応援してくれるという保証がなくなったことを意味します。また、国内的にも、その頃から藤原仲麻呂の権力にカゲリが見えはじめ、征討を実施するという国内的な条件も急速に失われていったものと推測されます。結局、日本対新羅の全面戦争は、開戦の直前に回避されたのです。

このあたりの話は高校の教科書などには出てこないかと思い少し詳しく紹介しましたが、これ以上は具体的な朝鮮との関係についてはふれません。いずれにしても、唐を中心とする東アジア世界の関係というものが基本にあり、その上で、時々の国と国との事情・考え方・政治状況などに応じて、さまざまな「外交」が展開していたのです。

以上を簡単にまとめると、唐は一貫して「中華思想」による大国意識があり、あくまでも皇帝が中心であって、周辺諸国は「冊封国」もしくは「朝貢国」として挨拶にくるべきもの、という姿勢でした。日本は、その唐中心の世界観を認めながら、「冊封国」よりも距離をおいた「朝貢国」としての外交を展開します。それは、国内的には、あまり根拠のないミニ大国意識として現れ、新羅・渤海を一段下に見る見方が広がりますが、それは国際的にはあまり通用しなかったように思います。

そして、唐と日本の中間に位置する新羅や渤海は、唐に対しては「冊封国」となりますが、お互いのライバル関係や、唐との関係の変化に備えるための「保険」として、日本との関係を考えていたようなのです。したがって、必要性が高い時には高い保険料を払う、つまり日本に朝貢してくる、逆にそうでもない時には、保険料を下げるべきだ、と主張する、つまり日本との関係の変更を考え、そのことがトラブルを引き起こす、というのが私の解釈です。

こう見てくると、その置かれた環境によって、新羅や渤海の方がはるかに外交というものをよく認識しており、国際情勢を詳しく分析しながら、その時々の外交を展開していたのだ、と思います。今の日本政府の外交がヘタなのは、歴史的な伝統だ、などとは言いたくはないのですが……。

# あとがき

大学の内外で市民の方々を前にしてお話させていただく機会があり、本書にはそうした会で行った講演のうち、奈良時代に関わる話題を再構成して文章化した部分がかなりあります。また、今回執筆するにあたって直接的な材料となったのは、勤務している大学での授業「奈良時代史の諸問題」(二〇〇九年度日本史特殊講義)です。特殊講義というのは、たとえば「壬申の乱について」とか「長屋王家木簡について」とか「平城京研究の歴史」というように、具体的な課題を一つ取り上げ、じっくりと詳しく論じるのが普通ですが、その年には奈良時代史の全体について自分なりに概観してみようと考えて、右のような題にして半年間話をしました。

つまり本書の多くは市民の方々や大学生諸君を相手にして語った内容なのですが、全体的に説明を丁寧にわかりやすくしたつもりです。ですから、歴史に興味をもっている高校生などの若い方々にぜひ聞いてもらいたいという気持ちがあり、また、年齢的にそうではなくとも、奈良時代のことを少し深く知りたいと思っておられる「気持ちの若い」方々にもぜひ読んでもらいたいと考え、本書のタイトルにしました。

私が目指したことをキャッチフレーズ風に言えば、①「大雑把」ではなく「大まか」に歴史の流れをとらえること（大野晋さんによれば、「大まか」とは要点をおさえながらこまごましたことはすてておく様子、「大雑把」には粗雑で落ちがあり良くないという意味が加わっている、という）。そのために、②「枝葉末節」ではない「歴史の細部」にこだわること、の二点でした。それが成功しているかどうかは、読者の皆さんの判断にゆだねます。

本書をまとめるにあたって、参考とさせていただいた研究者の著書や論文は多数にのぼります。本書が研究書であれば、そうした先学の著書・論文を註で示すべきなのですが、右のような趣旨から省略させていただきました。その代わりに、これを読み終えた皆さんが「次に何を読もうかな？」という時のお勧めの本を推薦図書として左に掲げました。

本書を書き終えての第一の感想は、「これから講演をする時に、同じネタが使えなくなるなあ」ということです。また、新ネタを見つけて、話をでっち上げないと……。

二〇一三年三月

寺崎保広

## 推薦図書

太田博太郎『奈良の寺々』（岩波ジュニア新書、一九八二年）
東野治之『正倉院』（岩波新書、一九八八年）
吉田　孝『日本の誕生』（岩波新書、一九九七年）
舘野和己『古代都市平城京の世界』（日本史リブレット、山川出版社、二〇〇一年）
丸山裕美子『正倉院文書の世界』（中公新書、二〇一〇年）
馬場　基『平城京に暮らす』（歴史文化ライブラリー、吉川弘文館、二〇一〇年）
吉川真司『聖武天皇と仏都平城京』（天皇の歴史02、講談社、二〇一一年）

著者紹介

一九五五年　山形県村山市生まれ
一九八三年　東北大学大学院博士課程後期修了
一九八三年　奈良国立文化財研究所
現在　奈良大学文学部教授、博士（文学）

主要著書

『長屋王』（吉川弘文館、一九九九年）
『藤原京の形成』（山川出版社、二〇〇二年）
『古代日本の都城と木簡』（吉川弘文館、二〇〇六年）

# 若い人に語る奈良時代の歴史

二〇一三年（平成二十五）十月一日　第一刷発行

著　者　寺《てら》崎《さき》保《やす》広《ひろ》
発行者　前田求恭
発行所　株式会社吉川弘文館
郵便番号一一三—〇〇三三
東京都文京区本郷七丁目二番八号
電話〇三—三八一三—九一五一〈代表〉
振替口座〇〇一〇〇—五—二四四
http://www.yoshikawa-k.co.jp/

印刷＝株式会社　理想社
製本＝株式会社　ブックアート
装幀＝黒瀬章夫


ISBN978-4-642-08096-5

# 奈良の都 その光と影（歴史文化セレクション）

四六判・三三八頁・原色口絵四頁／二四一五円

笹山晴生著

天平文化が華開いた奈良朝は、律令国家が完成し、その矛盾が現われた時代であった。平城京遷都から一三〇〇年、藤原不比等や聖武天皇・光明子、したたかに生きる民衆など、奈良の都に生きた人々を鮮やかに描き出す。

# 奈良の都と地方社会（史跡で読む日本の歴史）

四六判・三二八頁・原色口絵四頁／二九四〇円

佐藤　信編

遷都一三〇〇年を迎えた奈良の都・平城京。東大寺・興福寺などの文化遺産から、花に例えられた都の実像を探る。国府や国分寺など地方社会の様相や古代人の生業・祭祀をも、最新の発掘成果をもとに歴史として叙述する。

# 平城京の時代（古代の都）

四六判・三二〇頁・原色口絵四頁／二九四〇円

田辺征夫・佐藤　信編

唐の都長安をモデルに国際色豊かな天平文化が花開いた平城京。最新の発掘成果や文献・木簡の研究から、宮都の構造、立ち並ぶ寺院、貴族や庶民の生活、地方とのつながりなど、古都奈良の原像とその時代が明らかになる。

（価格は5％税込）

# 律令国家と天平文化（日本の時代史）

佐藤　信編

A5判・三五二頁・原色口絵八頁／三三六〇円

律令国家とはどのようなものだったのか。東アジアなどとの交流の中で天皇や貴族が取組んだ政治、古代都市〈平城京〉や地方社会に生きた人々、仏教・美術・文学と国家との関わりなど、奈良時代の全体像を明らかにする。

# 奈　良（日本歴史叢書）

永島福太郎著

四六判・三三六頁・口絵四頁・地図一丁／三一五〇円

古代から現代まで、各時代発展の様相を詳述した最初の生きた奈良の歴史。観光地奈良は単なる名所遺跡でなく、中世・近世を経て古社寺の都として生きつづけている。数多い観光案内書にあきたらぬ方々には絶好の書。

# 奈良の都（直木孝次郎　古代を語る）

直木孝次郎著

四六判・二九八頁／二七三〇円

天平文化の輝きの影で、権謀術数が渦巻いていた奈良の都。平城京に棲む人々の暮らし、長屋王・聖武天皇・藤原不比等らの生き様を探る。世界遺産平城京に限りない愛情を注ぎ、大和古寺を巡りながら、仏に美を再発見する。

（価格は5％税込）

吉川弘文館